Neue
Kleine Bibliothek 235

Dietrich Heither

Ich wusste, was ich tat

Emil Julius Gumbel und der rechte Terror in der Weimarer Republik

PapyRossa Verlag

2. Auflage 2021

Luxemburger Str. 202, 50937 Köln
Tel.: +49 (0) 221 – 44 85 45
Fax: +49 (0) 221 – 44 43 05
E-Mail: mail@papyrossa.de
Internet: www.papyrossa.de

Umschlag: Verlag, unter Verwendung eines historischen Fotos der Universität Heidelberg (© by heidelberg-images.com) sowie eines Porträts von Emil Julius Gumbel (© by Universitätsarchiv Heidelberg)
Druck: TZ – Verlag & Print GmbH, Roßdorf

Die Deutsche Nationalbibliothek verzeichnet diese Publikation in der Deutschen Nationalbibliografie; detaillierte bibliografische Daten sind im Internet über http://dnb.d-nb.de abrufbar

ISBN 978-3-89438-621-4

Inhalt

Vorbemerkungen 7

Kapitel I
»Vier Jahre Lüge«:
Gegner von Krieg und Monarchie (1914-1918) 14

Kapitel II
»Rede an Spartacus«: Das Dilemma eines unabhängigen
Linksintellektuellen nach der Novemberrevolution (1918) 20

Kapitel III
»Politische Morde«: Opfer und Täter (1919-1922) 38

Exkurs
»Acht Jahre politische Justiz«:
Anmerkungen zum Weimarer Gerichtswesen (1927) 45

Kapitel IV
»Verschwörer«, »Verräter«, »Feme-Mörder«:
Blicke auf die innenpolitische Front (1924-1929) 52

Kapitel V
»Lasst Köpfe rollen«:
Gumbel und der Faschismus (1924-1931) 58

Kapitel VI
National(sozialistisch)e Krawalle gegen Gumbel 64
Rufmord: Der Kampagne erster Teil (1924) 64
Die angemahnte »Säuberung«:
Der zweite »Fall Gumbel« (1930) 73
»Gumbels Kopf wird rollen« (1932) 81

Kapitel VII
Im Exil 86
Die Verteidigung der Wissenschaft: Frankreich (1932-1940) 86
Der Tragödie letzter Akt: Die Vereinigten Staaten (1940-1966) 93
Die Bundesrepublik: Zweite Schuld (1945 ff.) 97

Kapitel VIII
Antifaschistische Aufklärung im besten Sinne 102

Kurt Tucholsky über Gumbel 111

Kapitel IX
Gumbels Bedeutung im 21. Jahrhundert 114

Verzeichnis ausgewählter Literatur 120

Anhang
Dokument 1: Gustav Radbruch: Protest gegen
einen Protest – Universität und der Fall Gumbel 124

Dokument 2: Gumbels Schlusswort vor dem
Untersuchungsausschuss (30.6.1932) (Auszüge) 126

Dokument 3: Einspruch Gumbels gegen seine Entlassung,
verfasst am 25.7.1932 (Auszüge), (Rekurs an
das Staatsministerium) 127

Dokument 4: Emil J. Gumbels
»Minimal-Programm der deutschen Volksfront« (1936) 130

Vorbemerkungen

> *»Ich gehöre nicht zu jenen Unschuldslämmern, die vom bösen Wolf Hitler des Landes vertrieben wurden, obwohl sie nichts gegen ihn getan hatten und bereit gewesen waren, sich zu unterwerfen. Im Gegenteil: Seit dem Ersten Weltkrieg habe ich viele Jahre lang gegen die Elemente gekämpft, die später zum Kern der nationalsozialistischen Partei wurden. Ich war nicht überrascht, dass sie mir alle Rechte nahmen, als sie an die Macht kamen. Ich wusste, was ich tat.«*[1]
>
> Emil Julius Gumbel

Elf schwer bewaffnete Männer stürmten die Berliner Wohnung des Mathematikers Emil Julius Gumbel mit dem Auftrag, den gerade einmal 27-jährigen pazifistischen Aktivisten standrechtlich zu erschießen. Doch Gumbel hatte Glück. Er war kurz zuvor nach Bern abgereist, um an einer Konferenz des Völkerbunds, dem Vorgänger der heutigen UNO, teilzunehmen. Die Attentäter waren folglich zum (aus ihrer Sicht) falschen Zeitpunkt gekommen. Frustriert verwüsteten sie die Wohnung und zogen wieder ab.

Es waren nicht Angehörige des Nationalsozialistischen Studentenbundes (NSDStB), der Sturmabteilung (SA), der Gestapo oder anderer Parteigliederungen der NSDAP, die hier einen heimtückischen Mord

1 Emil Julius Gumbel, Der Professor aus Heidelberg (The Professor from Heidelberg), in: William Allan Neilson (Hrsg.), We escaped, New York 1941, S. 28-57, abgedruckt bei Christian Jansen, Emil Julius Gumbel. Portrait eines Zivilisten, Heidelberg 1991, S. 90-110, hier S. 90.

begehen wollten. Und es waren auch nicht die 30er Jahre, in denen das geschilderte Ereignis stattfand. Es war vielmehr der 14. März 1919, und die Täter entstammten der »Garde-Kavallerie-Schützendivision«, einem Freikorps, das bereits für die Morde an Rosa Luxemburg und Karl Liebknecht fast auf den Tag genau zwei Monate zuvor verantwortlich war.[2] Als Gumbel zurückkehrte und die Verwüstungen betrachtete, war ihm klar, dass er auf den Todeslisten zahlreicher der rund 120 rechtsnationalistischen Freikorps stehen musste, in denen sich nach dem Ersten Weltkrieg rund 400.000 ehemalige Frontsoldaten mit zutiefst antidemokratischen Überzeugungen zusammengeschlossen hatten. Warum?

Gegner des kaiserlichen Deutschlands, friedensbewegter Pazifist, sozialer Demokrat und Sozialdemokrat (zeitweilig in der USPD, zeitweilig in der (M)SPD), Jude, Intellektueller – der Heidelberger Hochschullehrer vereinigte gleichsam »alle völkischen Feindbilder in seiner Person.«[3] Zudem legte er sich mit dem kompletten Präfaschismus der Weimarer Republik an: den Mordbanden und Putschisten, die gegen die Republik und alles Linke zogen, den nationalistischen Wehrsportgruppen und Geheimbünden, der »Schwarzen Reichswehr«, den rechtsextremen Fememördern sowie mit der Justiz, die all die Verbrechen und Schandtaten deckte und eine Bestrafung der Täter in der Regel verhinderte. Die Folge: Er war zwischen 1918 und 1933 im politisch rechten Spektrum einer der meistgehassten Intellektuellen. Mit dem 30. Januar 1933 war für ihn im faschistischen Deutschland kein Platz mehr.

Durch seine Flucht ins Exil – zunächst 1932/33 nach Frankreich, anschließend in die Vereinigten Staaten – war Gumbel ein Opfer der nationalsozialistischen Gewaltherrschaft; zudem war er aber auch schon lange vor der sog. Machtergreifung Leidtragender diverser nationalsozialistischer Aktivitäten. Schließlich, hierauf verweist das vor-

---

2 Vgl. Elisabeth Hannover-Drück/Heinrich Hannover (Hrsg.), Der Mord an Rosa Luxemburg und Karl Liebknecht, Frankfurt a.M. 1967.

3 Christian Peters/Arno Weckbecker, Auf dem Weg zur Macht. Zur Geschichte der NS-Bewegung in Heidelberg 1920-1934, Dokumente und Analysen, Heidelberg 1983, S. 12.

angestellte Zitat, war der Aufklärer und Mathematiker aber auch die gesamte Republik hindurch ein Kämpfer gegen die Wegbereiter der Barbarei.

Obwohl also zwischen 1918 und 1933 einer der bekanntesten und meistgehassten pazifistischen Linken, hatte (oder wollte) man Gumbel, als er am 10. September 1966 in New York starb, vergessen.[4] Nicht einmal der sozialdemokratische »Vorwärts« veröffentlichte einen Nachruf. Das letzte politische und wissenschaftliche Andenken wurde einem sozialdemokratischen Pazifisten, Sozialisten und Republikaner verwehrt, der die gesamte Weimarer Zeit hindurch unermüdlich die Taten und Täter des aufziehenden Faschismus und den Kult roher soldatischer Männlichkeit öffentlich gebrandmarkt hatte, dem von der Universität Heidelberg die Lehrberechtigung schon vor der »Machtergreifung« entzogen wurde und dessen Bücher im Mai 1933 in die Flammen geworfen wurden. Aber auch in der Deutschen Demokratischen Republik wurden seine Arbeiten kaum rezipiert; Nicht-Kommunisten waren dort eben keine historischen Vorbilder. So verweist etwa die Broschüre von Josef Streit »Vierzig Jahre politischer Mord«, obwohl in Titel und Darstellung stark an Gumbel angelehnt, mit keinem Wort auf diesen.[5]

Neben dem Ehepaar Hannover, das Emil Julius Gumbel 1966 in seiner Darstellung über die »Politische Justiz 1918-1933« umfangreich berücksichtigte (Gumbel war an der Abfassung dieses Werkes sogar noch selbst beteiligt),[6] war der Marburger Politikwissenschaftler Wolfgang Abendroth bis in die siebziger Jahre hinein einer der wenigen, der die Schriften des Heidelberger Aufklärers kannte und

4 So noch 1981 Wolfram Wette, Einleitung: Probleme des Pazifismus in der Zwischenkriegszeit, in: Karl Holl/Wolfram Wette (Hrsg.), Pazifismus in der Weimarer Republik. Beiträge zur historischen Friedensforschung, Paderborn 1981, S. 9-25, hier S. 23.

5 Vgl. Josef Streit »Vierzig Jahre politischer Mord«, Berlin 1960. Das in den Kontexten des Kalten Kriegs verfasste Pamphlet kommt nicht ohne krude Parallelisierungen von NS-Staat und Bundesrepublik aus.

6 Heinrich Hannover/Elisabeth Hannover-Drück, Politische Justiz 1918-1933, Frankfurt a.M. 1966.

zitierte.[7] Die eher bürgerlich-konservativen Gründerväter der westdeutschen Politikwissenschaft hatten, wie zu zeigen sein wird, ihre Gründe, Gumbel nicht näher zu erwähnen.

Erst mit Beginn der achtziger Jahre wurde Gumbel durch die Neuherausgabe einiger seiner Werke sowie längere Aufsätze bzw. Monographien gewürdigt. Zu nennen sind neben Aufsätzen von Franz Josef Lersch[8] (1981), Wolfgang Benz (1983)[9] und einem längeren Essay der Mathematikerin und Wissenschaftshistorikerin Annette Vogt (1991), der vor allem Neues zur Moskauer Zeit Gumbels präsentiert,[10] die im Literaturverzeichnis genannten Arbeiten der Heidelberger Historiker Karin Buselmeier, Norbert Giovannini und Christian Jansen. Sie rekonstruierten vor etwa 30 Jahren durch mehrere Publikationen, die für die vorliegende kleine Erinnerung grundlegend waren, den Lebenslauf des Heidelberger »Zivilisten« und Wissenschaftlers als den eines Grenzgängers in den friedensbewegten und linken Strömungen der Weimarer Republik (eine knappe Zusammenfassung veröffentlichte Jansen zuletzt in dem 2014 veröffentlichten »Lesebuch« über

7 Vgl. Wolfgang Abendroth, Ein Leben in der Arbeiterbewegung. Gespräche, aufgezeichnet und herausgegeben von Barbara Dietrich und Joachim Perels, Frankfurt a. M. 1976, S. 92-99. Auch Reinhard Kühnl, Teil der von Abendroth begründeten »Marburger Schule«, verwies in seinen Veröffentlichungen auf die Arbeiten von Gumbel. So etwa in »Der deutsche Faschismus in Quellen und Dokumenten, Köln 1980 (5. Auflage), oder auch in seiner Darstellung »Die Weimarer Republik«, Reinbek bei Hamburg, 1985.

8 Vgl. Franz-Josef Lersch, Politische Gewalt, politische Justiz und Pazifismus in der Weimarer Republik. Der Beitrag E. J. Gumbels für die deutsche Friedensbewegung, in: Karl Holl/Wolfram Wette (Hrsg.), Pazifismus in der Weimarer Republik. Beiträge zur historischen Friedensforschung, Paderborn 1981, S. 113-134.

9 Vgl. Wolfgang Benz, Emil J. Gumbel, Die Karriere eines deutschen Pazifisten, in: Ulrich Walberer (Hrsg.), 10. Mai 1933. Bücherverbrennung in Deutschland und die Folgen, Frankfurt a. M. 1983, S. 160-198.

10 Vgl. Annette Vogt, Emil Julius Gumbel, Mathematiker und streitbarer Publizist – auf der Suche nach Wahrheit, in: Emil Julius Gumbel: Auf der Suche nach Wahrheit. Ausgewählte Schriften, versehen mit einem Essay von Annette Vogt, Berlin 1991, S. 7-45.

die Heidelberger Intellektuellenkreise der Jahre 1910 bis 1933). Ihr Verdienst ist es, dass die Spuren Gumbels nach dessen Tod sichtbar blieben (wenngleich die Veröffentlichungen mittlerweile vergriffen sind). Der amerikanische Historiker Arthur D. Brenner komplettierte die Heidelberger Publikationen durch seine 2001 veröffentlichte, zahlreiche neue Archivalien erschließende Biographie, in der er vor allem neue Erkenntnisse zu Gumbels Wirken im französischen wie US-amerikanischen Exil präsentierte.[11]

Während 2003 mit Hans-Ulrich Wehler einer der Nestoren der bundesdeutschen Sozialgeschichte in seiner mehrbändigen »Deutschen Gesellschaftsgeschichte auf den »mit imponierender Zivilcourage« arbeitenden Gumbel verwies,[12] ist es im 21. Jahrhundert um dessen Arbeiten wieder ruhig geworden. Weder in Ursula Büttners umfangreicher Monografie zur Weimarer Republik (2008)[13] noch in Ulrich Herberts monumentalen »Geschichte Deutschlands im 20. Jahrhundert« (2014)[14] findet Gumbel Erwähnung. Auf eine gewichtige Ausnahme ist allerdings hinzuweisen: Die hervorragende Darstellung von Harald Maier-Metz über die Suspendierung des Marburger Professors für semitische Sprachen und orientalische Gesichte, Albrecht Götze. Der Marburger Historiker weist in dieser Studie auf die Folgewirkungen hin, die eine Solidarisierung mit dem Heidelberger Mathematiker nach sich zog. Denn Götze wurde an der Marburger Philipps-Universität entlassen, weil er sich wiederholt für den pazifistischen Demokraten, dessen Leben und Schicksal Maier-Metz ausführlich rekapituliert, eingesetzt hatte: »Fall Gumbel« – diesen Vermerk trug denn auch das offizielle Entlassungsschreiben Goetzes, der wegen seiner pazifistischen Einstellung seines Amtes ent-

---

11 Vgl. Arthur D. Brenner, Emil J. Gumbel. Weimar German Pacifist and Professor, Boston/Leiden 2001.

12 Hans-Ulrich Wehler, Deutsche Gesellschaftsgeschichte Bd. 4: Vom Beginn des Ersten Weltkriegs bis zur Gründung der beiden deutschen Staaten 1914-1949, München 2003, S. 410.

13 Vgl. Ursula Büttner, Weimar. Die überforderte Republik, Stuttgart 2008.

14 Vgl. Ulrich Herbert, Geschichte Deutschlands im 20. Jahrhundert, München 2014.

hoben wurde.[15] Auch auf diese Arbeit von Maier-Metz wird nachfolgend mehrfach Bezug genommen.

Bücher, »die in den Blutkeller der deutschen Reaktion (…) hineinleuchten« – so würdigte 1924 der Schriftsteller und Autor der Weltbühne Arnold Zweig die Werke Gumbels.[16] Tatsächlich ermöglicht Gumbel durch seine Studien Kenntnisse über die militante Weimarer Rechte, die bis heute ihresgleichen suchen. Zweigs Hinweise auf den »Blutkeller der Reaktion« verweisen aber zudem auch auf die permanenten Gefahren, die von den Schergen der Freikorps (1919) bzw. den Henkersknechten des deutschen Faschismus (1933) ausgingen und vor denen Gumbel die gesamte Republik hindurch nicht gefeit war. Dass sein Kopf eines Tages »rollen« sollte, war ihm schließlich mehrfach drohend angekündigt worden.

Dem »doppelten Einblick« folgt die Struktur dieser Darstellung: In einem ersten Teil (Kapitel I bis V) wird das Wirken Gumbels in die Kontexte der politischen Auseinandersetzungen der Weimarer Republik eingeordnet. Ihm folgt die Darstellung des Lebenswegs, der durch das permanente Einwirken des von ihm bekämpften Weimarer (Prä-)Faschismus auf die eigenen Existenzgrundlagen (Kapitel VI bis VIII) gekennzeichnet ist. Abschließend wird nach der gegenwärtigen Bedeutung Gumbels gefragt (Kapitel IX).

Schon 1966 schrieben Heinrich Hannover und seine Frau über Gumbel: »Es ist heute kaum zu ermessen, wieviel persönlicher Mut dazu gehörte, in einem Staat, in dem der politische Mord ungesühnt Opfer um Opfer forderte, die Mörder von rechts und ihre Hintermänner beim Namen zu nennen.«[17] Die nachfolgenden Zeilen wollen an diesen Mut erinnern, an Gumbels Zivilcourage, und dazu beitragen, einen Mann vor dem Vergessen zu bewahren, der Zeit seines Lebens

---

15 Vgl. Harald Maier-Metz, Entlassungsgrund: Pazifismus. Albrecht Götze, der Fall Gumbel und die Marburger Universität 1930-1946 (= Academia Marburgensis. Beiträge zur Geschichte der Philipps-Universität Marburg, Bd. 13), Münster/New York 2015.

16 Arnold Zweig, Gumbel, Heidelberg, Republik, in: Die Weltbühne vom 28.8.1924, S. 318f.

17 Hannover/Hannover-Drück, Politische Justiz, S. 19.

gegen die mit dem Ersten Weltkrieg in Gang gesetzte »Maschine zur Brutalisierung der Welt«[18] antrat. *Von* seiner wissenschaftlich-akribischen Erforschung des Weimarer Präfaschismus, der Jahre zwischen 1918 und 1933, aber auch *am* Schicksal dieses links-pazifistischen Intellektuellen im »Zeitalter der Extreme« (Eric Hobsbawm) ist heute noch vieles zu lernen.

18 Eric Hobsbawm, Das Zeitalter der Extreme. Weltgeschichte des 20. Jahrhunderts, München/Wien 1995, S. 163.

Kapitel I

»Vier Jahre Lüge«: Gegner von Krieg und Monarchie (1914-1918)

Emil Julius Gumbel wurde am 18.7.1891 in München als Sohn von Hermann Gumbel (1857-1916) und dessen Frau Flora (1869-1916) geboren. Die Eltern entstammten jüdisch-bürgerlichen Verhältnissen, galten als wohlhabend (Hermann Gumbel war Bankier), weltoffen wie liberal und hatten sich am Ende des 19. Jahrhunderts vollständig assimiliert.[19]

Ihr Sohn, stark beeinflusst durch seinen Onkel Abraham Gumbel, der politisch eher links stand und aufgrund des Kriegstods eines Sohnes zum Pazifisten wurde, legte 1910 am Münchner Wilhelmsgymnasium, dem traditionsreichsten Gymnasium der Stadt, das Abitur ab und studierte anschließend in der bayerischen Metropole Mathematik und Nationalökonomie. Die dort lehrenden Professoren galten als vergleichsweise liberal. Vor allem Lujo Brentano, ein Sozialreformer, der den Nationalliberalen nahestand und bei dem Gumbel zahlreiche Kurse belegte, übte auf den jungen Gumbel eine große Anziehungskraft aus.[20] 1913 erhielt er das Diplom für Versicherungssachverständige; im selben Jahr wurde er Assistent am Seminar für Statistik und Versicherungswesen. Promoviert wurde er am 28. Juli 1914 mit einer

19 Vgl. Brenner, Emil J. Gumbel, S. 14 ff. Gumbel sollte sich selbst als konfessionslos bezeichnen.

20 Vgl. ebenda, S. 18.

Arbeit über die Interpolation (d.h. die Funktionsbestimmung einer gegebenen Datenreihe) des Bevölkerungszustandes, die 1916 in Buchform erschien.

Bereits wenige Tage nach Beginn des Ersten Weltkriegs meldete sich Gumbel, stark beeinflusst von der allgemeinen Kriegshysterie, als Freiwilliger. Doch die Wirklichkeit des Krieges machte ihn rasch zu dessen Gegner. Schon im Herbst 1915 schloss er sich dem ein Jahr zuvor (16.11.1914) gegründeten pazifistischen »Bund neues Vaterland« (BNV) an,[21] dem Sozialdemokraten wie Eduard Bernstein, Rudolf Breitscheid und Ernst Reuter, linksliberale Professoren wie Albert Einstein, Walther Schücking oder Hans Delbrück, Frauenrechtlerinnen wie Helene Stöcker aber auch zahlreiche namhafte Künstler und Literaten angehörten. Mit dem Anschluss an diese kleine Gruppe von Intellektuellen – der BNV hatte damals um die einhundertzwanzig Mitglieder –, bei der gelegentlich sogar Liebknecht und Luxemburg mitwirkten,[22] begannen Gumbels politische Aktivitäten. Er sollte bis zu seiner Ausbürgerung Mitglied des BNV, der sich nach dem im Februar 1917 verhängten Verbot im Oktober 1918 wieder rekonstituierte und sich 1922 in »Deutsche Liga für Menschenrechte« umbenannte, bleiben und für diese/n die gesamte Weimarer Republik hindurch publizieren.

Als Anti-Militarist trat Gumbel 1917 der eben gegründeten Unabhängigen Sozialdemokratischen Partei (USPD) bei, die sich von der SPD abgespalten hatte und die der politisch entschiedenste Kriegsgegner war. Gumbel schloss sich den Unabhängigen Sozialdemokraten nicht zuletzt auch deshalb an, weil ihn Karl Liebknechts Haltung stark beeindruckt hatte. Er sollte den Kriegsgegner sein Leben lang

21 Vgl. Erwin Gülzow, Der Bund »Neues Vaterland«. Probleme der bürgerlich-pazifistischen Demokratie im Ersten Weltkrieg (1914-1918), Diss. (Berlin/DDR), 1969, sowie ders., Bund Neues Vaterland (BNV) 1914-1921/22), in: Dieter Fricke u.a. (Hrsg.), Die bürgerlichen Parteien in Deutschland. Handbuch der Geschichte der bürgerlichen Parteien und anderer bürgerlicher Interessenorganisationen vom Vormärz bis zum Jahre 1945, Bd. 1, Leipzig 1968, S. 179-183.

22 Vgl. Karl Holl, Pazifismus in Deutschland, Frankfurt a.M. 1988, S. 112ff.

verehren und sich mit dessen Auffassungen (vor allem mit dessen Antimilitarismus und Antiimperialismus) identifizieren.[23]

Internationale Friedensbemühungen – verwiesen sei an dieser Stelle auf die Haager Pazifisten-Konferenz (7.-10. April 1915) und den wenige Tage später ebenfalls in Den Haag stattfindenden Kongress von Kriegsgegnerinnen der radikal-bürgerlichen Frauenbewegung – sowie erste Aktionen gegen den Krieg aufgrund wachsender sozialer Widersprüche (in Deutschland ging es dabei als Folge der Umstellung der Wirtschaft auf die unbedingte Kriegsproduktion um die immer schlechter werdende Lebensmittelversorgung, verlängerte Arbeitszeiten und den insgesamt gestiegenen Ausbeutungsdruck), hatten innerhalb der Sozialdemokratie zu jenem Differenzierungsprozess geführt, der, ausgelöst durch das Einschwenken der sozialdemokratischen Führung auf die bedingungslose Unterstützung des imperialen Kriegskurses der Obersten Heeresleitung, über eine stetig anwachsende Zahl von Abgeordneten, die mit der Fraktionsdisziplin brachen (den Anfang machte Karl Liebknecht; im Dezember 1915 votierten bereits zwanzig Abgeordnete gegen die Bewilligung weiterer Kriegskredite) bis zur Gründung der neuen Partei im April 1917 reichen sollte.[24] Als die Massenbewegung gegen den Krieg schließlich 1918 Berlin in Form der »Novemberrevolution« erfasste, gehörte Gumbel neben Albert Einstein, Magnus Hirschfeld u. a. zum engeren Kreis der friedensbewegten Aktivisten, die sich ihrerseits nun politisch radikalisierten – Gumbel auf Seiten des parlamentarisch orientierten Flügels der USPD, der für die Nationalversammlung eintrat.

Die auf die Errichtung einer bürgerlichen und sozialen Demokratie gerichtete Tätigkeit des BNV rief von Beginn an zahlreiche Nationalisten und Militaristen auf den Plan. Versammlungen und Veranstaltung wurden gesprengt, tätliche Angriffe gegen seine Funktionäre

23 Zum enormen Einfluss Liebknechts auf Gumbel vgl. Brenner, Emil J. Gumbel, S. 53 f.

24 Vgl. Wolfgang Abendroth, Einführung in die Geschichte der Arbeiterbewegung, Bd. 1: Von den Anfängen bis 1933 (bearbeitet von Heinz-Gerd Hofschen), Heilbronn 1985, S. 145-164.

waren an der Tagesordnung. Gumbel, der in diesen Wochen und Monaten an zahlreichen Kundgebungen teilnahm, die der BNV oft in engem Schulterschluss mit der USPD durchführte,[25] wurde selbst bei einer dieser Veranstaltungen in Berlin-Charlottenburg (Februar 1920), es handelte sich um einen Vortrag Hellmut von Gerlachs, der sich vom Konservativen zum Anhänger des radikalen Pazifismus gewandelt hatte, schwer verletzt und blutig niedergeschlagen. Von Gerlach wurde zu Boden geworfen und mit Fußtritten traktiert, konnte sich aber im letzten Moment retten. Carl von Ossietzky kommentierte den Mordanschlag in den »Mitteilungen der Deutschen Friedensgesellschaft« damals wie folgt: »Der Künstler ist nicht mehr auf der Bühne sicher, der Gelehrte nicht mehr auf dem Katheder. Bummelstudenten, Reichswehr, baltischer Abfall beherrschen die Szene. (…) In der Hand Schlagring, Gummiknüppel (Marke Kunze) oder gleich Dolch und Revolver, in der Tasche die »Deutsche Zeitung«, im Kopf nichts als das Lapidarwort ›Juden raus‹, so zieht man aus zur Hermannsschlacht.«[26] Unter den Opfern des weißen Terrors dieser Jahre beklagte der BNV mehrere seiner Mitglieder, darunter Kurt Eisner, Gustav Landauer, Alexander Futran und Hans Paasche.[27]

Gumbel zog Konsequenzen aus seinen Kriegserfahrungen und der unmittelbaren Nachkriegszeit und begann, gegen Nationalismus, Imperialismus, gegen Völkerhass und Militarismus zu forschen und zu schreiben. Zusammen mit Kurt Tucholsky, Carl von Ossietzky, Helene Stöcker u. a. war er darüber hinaus maßgeblich an der Gründung des »Friedensbunds der Kriegsteilnehmer« (1919) beteiligt, von dem bereits ein Jahr später die Initiative zur Gründung der »Nie-wieder Krieg-Bewegung« ausgehen sollte.

---

25 Vgl. Lersch, Politische Gewalt, insbes. S. 114 ff.

26 Carl von Ossietzky, Mitteilungen der Deutschen Friedensgesellschaft (März 1920), zitiert nach ders., Sämtliche Schriften, hrsg. von Werner Boldt u. a. Bd. 1: 1911-1921, Text Nr. 56, S. 183-184. Vgl. auch die Darstellung bei Hellmut von Gerlach, Von Rechts nach Links, Frankfurt a. M. 1987, S. 236-240 (Das Original erschien bereits 1937 in Zürich).

27 Emil Julius Gumbel hat in seiner Denkschrift »Vier Jahre politischer Mord«, Berlin 1922, die Verbrechen an den Genannten dokumentiert.

Für den BNV verfasste Gumbel 1919 seine erste politische Schrift »Vier Jahre Lüge«, die er Bertrand Russell, dem »Vorkämpfer der englischen Kriegsdienstverweigerer« widmete. Seine »Zitatensammlung« sollte, wie er in seinem Vorwort schrieb, »einen kleinen Beitrag liefern zur Aufklärung über das unerhörte Maß an Lügen, die das kaiserliche Deutschland aufgehäuft hat, um das deutsche Volk in diesen Krieg hineinzuhetzen und es zum Durchhalten für die falsche Sache zu ermahnen. Das Tatsachenmaterial ist so groß, dass ich nicht sicher bin, das wichtigste hier gebracht zu haben.«[28] Gumbel war ein Bewunderer der englischen Wehrdienstverweigerer, die wie Russell ihre bürgerliche Existenz und gesicherte Karriere aufs Spiel setzten, dem starken Druck der öffentlichen Meinung standhielten und sich selbst durch harte Gefängnis- und drohende Todesstrafe nicht von ihrem Weg abhalten ließen.[29] Können Gumbels positive Wertungen der englischen Kriegsdienstverweigerer sowie seine Übersetzung der politischen Schriften Russells einerseits »als wesentlicher Beitrag zur nach dem 1. Weltkrieg einsetzenden Formierung einer radikalen pazifistischen Richtung in Deutschland gewertet werden«,[30] so nimmt die positive Bezugnahme auf Russell andererseits auch Elemente seiner weiteren politischen Sozialisation und Charakterprägung vorweg: seinen aufrechten Gang, sein zivilcouragiertes Auftreten, sein politisches Durchhaltevermögen sowie seine Standhaftigkeit gegenüber allen Anfeindungen von Humanität und aufklärerischem Denken.

Gumbels Analysen des Ersten Weltkriegs reichen über eine moralische Verurteilung weit hinaus. Noch 1923 veröffentlichte er auf der Basis des zugänglichen amtlichen Materials eine nüchterne Bilanz des Schreckens und der Dimensionen der Zerstörung: »Das Stahlbad

28 Emil Julius Gumbel, Vier Jahre Lüge. Flugschriften des Bundes Neues Vaterland Nr. 5, Berlin 1919, S. 3.

29 Russell war aufgrund friedenspolitischer Aktivitäten von der Universität Cambridge die Professur entzogen worden. Zudem wurde er zu einer sechsmonatigen Gefängnisstrafe verurteilt.

30 So Lersch, Politische Gewalt, S. 120.

des Krieges«[31], so lautete der Titel der Broschüre, führte akribisch die Zahl der Gefallenen und Verwundeten auf, die Sterblichkeitsrate unter den Kriegsgefangenen, die Auswirkungen der Hungersnöte, Krankheiten, Geburtenraten, die Zerstörungen von Wohnraum usw.[32] Gumbels lakonisches Fazit: »Wer in der Arbeitskraft und in der Arbeitsfähigkeit eines Volkes die wesentliche Grundlage seines Reichtums erblickt, der wird daher den Krieg nicht bejahen können. Man sieht, wie wenig national die kriegshetzerischen Parteien in Wirklichkeit sind.«[33] Seine Studie stand somit diametral etwa Ernst Jüngers 1920 veröffentlichtem Roman »In Stahlgewittern« entgegen, der den Krieg heroisierte und die Blutsgemeinschaft des gemeinsamen Fronterlebnisses beschwor.

Dienten »Vier Jahre Lüge« und »Das Stahlbad des Kriegs« der Auseinandersetzung mit dem zusammengebrochenen kaiserlichen Deutschland und den letzten Zuckungen der monarchistischen Kräfte, die die Niederlage als unverdient bzw. als Ausdruck des »Dolchstoßes« vaterlandsloser Gesellen interpretierten (gemeint waren Sozialdemokratie und Gewerkschaften) und die Kriegsschuld deutscher Eliten in die sogenannte »Kriegsschuldlüge« zu transformieren versuchten, so orientierten sich Gumbels politische Interessen in der Folgezeit immer mehr an der politischen Gegenwart der jungen Republik.

---

31 Emil Julius Gumbel, Das Stahlbad des Krieges. Statistische Untersuchungen in: Der Weckruf, Berlin 1923 (als eigenständige Broschüre 1924 publiziert), abgedruckt bei Jansen, Emil Julius Gumbel, S. 162-170.

32 Vgl. hierzu auch Wolfram Wette, Militarismus in Deutschland. Geschichte einer kriegerischen Kultur, Frankfurt a. M. 2011, S. 115 f.

33 Gumbel, Das Stahlbad des Krieges, S. 170.

Kapitel II

»Rede an Spartacus«: Das Dilemma eines unabhängigen Linksintellektuellen nach der Novemberrevolution (1918)

Über den Pazifismus hatte Gumbel den Weg zur organisierten Arbeiterbewegung gefunden. Diese war 1918 aber äußerst heterogen. Schon die USPD war alles andere als eine einheitliche Partei. Auf ihrer linken Seite standen die »Revolutionären Obleute«, der »aktivistisch-spontaneistische Flügel«, der in den Berliner Betrieben verankert war und den Revolutionsprozess stark vorangetrieben hatte, sowie die Spartakus-Gruppe, die die eroberte politische Macht durch weitere offensive Aktionen in die »Diktatur des Proletariats« transformieren wollte, um möglichst schnell die großen Industrien und Banken in öffentliches Eigentum zu überführen. Der andere Flügel der USPD war dagegen der Meinung, dass der Rat der Volksbeauftragten einen langwierigen Transformationsprozess einleiten müsse und sich auf keinen Fall in irgendwelche aktionistischen Abenteuer stürzen dürfe.

Auch in der MSPD gab es vergleichbare Differenzen: Die Novemberrevolutionäre aus den Reihen des Mehrheitssozialdemokratie hatten die Monarchie gegen den erklärten Willen ihrer eigenen Führung (Ebert, Noske, Scheidemann) gestürzt und die Republik errichtet. Sie sowie viele der nun zahlreich zurückkehrenden einfachen Soldaten hofften auf Lernprozesse »ihrer« Partei und gingen daher in die MSPD zurück, die so die deutlich stärkere der beiden Arbeiterparteien wurde. Dort traten sie – die »Kriegsfrage«, der »Spaltungsgrund«

war ja historisch entschieden – für deren Vereinigung sowie die Fortführung der Revolution ein. Für die Führung der MSPD war aber, wie Helga Grebing konstatiert, die Revolution eigentlich spätestens mit dem 9./10. November beendet.[34] Interessiert an einer loyalen Unterstützung durch die Führungseliten des Kaiserreichs – Unternehmerschaft, Bürokratie und Offizierskorps – bemühten sich Ebert, Noske und Co. nun darum, die Revolutionsbewegung, orientiert am Primat von »Ordnung und Sicherheit«, möglichst rasch in ein ruhigeres Fahrwasser zu leiten.[35] Sie taten dies, obwohl sie sich, wie der Militärhistoriker Wolfram Wette formuliert, gerade der politischen Loyalität der Repräsentanten des preußischen Militärs in keiner Weise sicher sein konnten. Durch das auf unsicherer Loyalität basierende Bündnis, personifiziert in den geheimen Absprachen General Groeners und Friedrich Eberts, gelang es relevanten Teilen der militärischen Elite, sich in die neuen Verhältnisse hinüberzuretten und die neuen Streitkräfte, die Reichswehr, entscheidend mit zu formen.[36] Zu einem zuverlässigen Instrument der jungen Republik wurden diese damit nicht. Denn wie schon der zeitgenössische Historiker Arthur Rosenberg bemerkte, führte die Politik, sich in den Anfangsmonaten der Republik auf die Offiziere und Truppenreste des alten kaiserlichen Heeres zu stützen und auf eine eigenständige sozialistisch-demokratische Wehr zu verzichten, letztlich dazu, »Gefangene der Gegenrevolution«[37] zu werden.

Bereits im Frühjahr 1919 lag so die Macht in Deutschland nicht mehr bei der im Januar gewählten Nationalversammlung, sondern bei den Generälen des Kaiserreichs sowie den Freikorps und dem bewaffneten Bürgertum. Dabei hätte sich anfangs durchaus die Gelegenheit geboten, den bestehenden, kaisertreuen Militärapparat zu zerschlagen und eine Volkswehr aufzubauen, wie sie etwa der selbst

34 Helga Grebing, Geschichte der deutschen Arbeiterbewegung, München 1971 (2. Aufl.), S. 150.

35 Vgl. Eberhard Kolb, Die Weimarer Republik, München 1988, S. 11.

36 Vgl. Wette, Militarismus in Deutschland, S. 138.

37 Arthur Rosenberg, Geschichte der Weimarer Republik, Frankfurt a.M. 1974 (16. Auflage), S. 60ff. Vgl. auch Büttner, Weimar. Die überforderte Republik, S. 46f.

von der Mehrheitssozialdemokratie beherrschte Erste Reichsrätekongress (16.-20. Dezember 1918) in seinem Sieben-Punkte-Programm gefordert hatte.[38] Denn anders als bei Verwaltung, Justiz oder Hochschule, wo auf weite Teile der praktisch ohne Ausnahme auf das kaiserliche Regime eingeschworenen Beamtenschaft wohl kaum gänzlich verzichtet werden konnte (denn Demokraten oder gar Sozialisten gab es hier bestenfalls vereinzelt), sah die Situation bei den Streitkräften aus. Hier hätte man sich auf die 1918 stark vorhandene antimonarchistische Einstellung der Mannschaften sowie auf die aus dem Mannschaftsstand hervorgegangenen mittlere Militärebene stützen und die niedrigen Offiziersgrade zur Führungsschicht einer neuen Volkswehr machen können. Von dem Moment an, als man sich dazu entschieden hatte, die Offiziere des alten Regimes zu übernehmen, war das Schicksal einer republikanischen Reichswehr besiegelt, die Chance, mit dem preußischen Militarismus zu brechen, vertan.[39] Der Marburger Politikwissenschaftler Frank Deppe hat in einem Aufsatz zur Bedeutung der Novemberrevolution über die Führung der MSPD festgehalten, dass diese nicht nur für die Ermordung von Rosa Luxemburg und Karl Liebknecht, sondern auch für den Einsatz von Truppen gegen demonstrierende Arbeiter (etwa bei der Verabschiedung des Betriebsrätegesetzes 1920), für die Niederwerfung der Räterepublik in München, für die militärischen Aktionen gegen die Arbeiterregierungen in Sachsen und Thüringen usw. politische Verantwortung mittrage. All diese Entscheidungen und Ereignisse, so Deppe, trugen dazu bei, die Spaltung in der Arbeiterbewegung zur teilweise hasserfüllten Konfrontation zu steigern.[40]

---

38 Vgl. Beschluss des Rätekongresses zur Kommandogewalt vom 18.12.1918, in: Gerhard A. Ritter/Susanne Miller (Hrsg.), Die deutsche Revolution 1918-1919. Dokumente, Frankfurt a.M. 1983, S. 155 f.

39 Vgl. Wolfram Wette, Noske-Ära: Die vertane Chance mit dem preußisch-deutschen Militarismus zu brechen, in: Rainer Butenschön/Eckart Spoo (Hrsg.), Wozu muss einer der Bluthund sein? Der Mehrheitssozialdemokrat Gustav Noske und der deutsche Militarismus des 20. Jahrhunderts, Heilbronn 1997, S. 27-37.

40 Vgl. Frank Deppe, Zur aktuellen Bedeutung der Novemberrevolution, in Z. Zeitschrift marxistische Erneuerung Nr. 77 (2009), S. 48-61.

Gumbel war sicherlich ein Linkssozialist. Aber wo verortete er sich im beschriebenen parteipolitisch-sozialdemokratischen Gewirr? Bereits am 21. November 1918 hielt der gerade einmal 28-Jährige auf der ersten öffentlichen Versammlung des Spartakus-Bundes, der sich wenig später von der USPD abspalten sollte, eine Rede, in der er zur damals alles beherrschenden politischen »Rätefrage« bzw. zur Alternative »Nationalversammlung oder Diktatur des Proletariats« Stellung bezog und die gegebenen politischen Möglichkeiten differenziert einzuschätzen versuchte. Sie wurde als Leitartikel in der »Weltbühne« am 19.12.1918 abgedruckt.[41] Sein erster Satz »Ich spreche hier für die Nationalversammlung und gegen die Diktatur des Proletariats« war eindeutig (Gumbel war sich der Ablehnung dieser Auffassung durch seine Zuhörer sicherlich gewiss); ihm folgten aber modifizierende Einschränkungen »um verschiedenen Missverständnissen vorzubeugen« unmittelbar auf dem Fuße. Denn nichts läge ihm ferner, so Gumbel, als die Regierungssozialisten zu unterstützen, denen vorzuwerfen sei, den Krieg unterstützt und die Eliten der »alten Tyrannei« – Militär sowie Beamtenapparat – »ohne hinreichende Kontrolle« an der Macht belassen zu haben.

Gumbels Warnungen vor der »Diktatur des Proletariats« besitzen eine außenpolitische und eine innenpolitische Dimension:

Eindringlich warnt er zunächst davor, in der gegenwärtigen Situation auf die »Macht des internationalen Proletariats« und die Ausbreitung der Revolution (»Weltrevolution«) zu setzen. Derartige Hoffnungen seien illusionär, denn bei den Siegern des Krieges würde nicht nach der generellen »Schuld des Imperialismus« gefragt. Dort, bei den Mächten der Entente, sei die Revolution demnach »höchst unwahrscheinlich«. Offensichtlich hatte Gumbel hier die Kriegshysterie von 1914 vor Augen (der er ja selbst verfallen war), die Kapitulation der deutschen Sozialdemokratie und die Politik des »Burgfriedens« wie auch das dramatische Scheitern der Zweiten Internationale insgesamt. Ähnlich wie Wolfgang Abendroth, der angesichts der Ereignisse von

41 Vgl. im Folgenden: Emil Julius Gumbel, Rede an Spartacus, in: Die Weltbühne vom 19.12.1918, S. 569-571.

1914 bei der deutschen Arbeiterbewegung von einem »Sieg des nationalistischen Unterbewusstseins über das sozialistische Bewusstsein«[42] spricht, argumentiert auch Gumbel, der sich um eine differenzierte Einschätzung des politischen Bewusstseins der deutschen Arbeiterklasse müht – nichts anderes meint sein Begriff der »psychologischen Voraussetzungen dieser Revolution«. Auch Eric Hobsbawm reflektiert diese Gesamtsituation, wenn er davon spricht, dass die Tatsache, dass Frieden geschaffen wurde, die »Explosionskraft« der Revolutionen schwächte. »Tatsächlich«, so Hobsbawm, »blieb ein Großteil der Revolutionssoldaten, Matrosen und Arbeiter – vergleichen mit den wirklichen Revolutionsbedingungen im besiegten Russland und in Österreich-Ungarn – genauso moderat und gesetzestreu, wie es ihnen die russischen Revolutionäre in ihren Witzen schon immer unterstellt hatten.«[43]

In innenpolitischer Hinsicht rät Gumbel von »übereilten Maßnahmen« ab, die die Gefahr einer Gegenrevolution verstärken würden. Vor allem der Rückgang der Produktion, Arbeitslosigkeit, Hunger und Elend – die unmittelbar-praktischen Folgen einer proletarischen Diktatur, die auf »Fachleute« verzichte – öffneten der Konterrevolution alle Möglichkeiten. Knapp skizziert er die aus seiner Sicht notwendigen nächsten Schritte:

- Zunächst seien die Probleme der Demobilmachung sowie der Lebensmittelknappheit zu lösen. Hierzu müsse man sich zwangsläufig teilweise der alten Eliten »bedienen« (Gumbel verweist hier auf Techniker und sogar Offiziere), allerdings müssten diese strengstens politisch kontrolliert werden (der Gruppe Spartacus käme daher die Aufgabe zu, »durch schärfste Kontrolle die Revolution voranzutreiben und ihre Verbürgerlichung, die identisch ist mit der Gegenrevolution, zu verhindern«).

42 Vgl. Abendroth, Einführung in die Geschichte der Arbeiterbewegung, S. 146.

43 Hobsbawm, Das Zeitalter der Extreme, S. 94. Hobsbawm spielt hier auf das Lenin zugeschriebene Zitat an, wonach sich die Deutschen, bevor sie einen Bahnhof stürmen, erst einmal eine Bahnsteigkarte kaufen.

- Anschließend gelte es, die »politische Demokratie« durchzuführen, d.h. die Entmachtung der mit dem alten Regime verhafteten Personen (Gumbel nennt hier übrigens u.a. Erzberger und Scheidemann) voranzutreiben.
- Drittens sei der Kapitalismus »Schritt für Schritt« durch das Herstellen »wirklicher Pressefreiheit«, die Trennung von Staat und Kirche, eine Verstaatlichung der Monopole und die Verkürzung der Arbeitszeit abzubauen.

Die Nationalversammlung ist für Gumbel die entscheidende politische Institution des Neuaufbaus, da nur sie den Sozialismus im Volk verankern und Gefühle der Fremdherrschaft vermeiden könne. Voraussetzung für die weiteren Entwicklungen sei aber die Aufklärung über die Schuld des »ancien régime«: Denn erst, so Gumbel, wenn »das ganze Volk wirklich weiß, wie es belogen und betrogen worden ist, wird sich in der Konstituante eine große sozialistische Mehrheit finden.« Die Wirkungsmacht der wenig später von Ludendorff und Hindenburg in die Welt gesetzten »Dolchstoßlegende«, wonach das Heer »im Felde unbesiegt« und den Meuchelmord »vaterlandsloser Zivilisten« nur durch den »Dolchstoß von hinten« erhalten habe, sollte Gumbels Überlegungen indirekt belegen. Die von der Obersten Heeresleitung propagierte Lüge zielte nicht nur auf die »Novemberverbrecher« und alle Bestrebungen sozialer Demokratie, sondern diente zugleich auch der Rehabilitierung und Rechtfertigung des Militärs bzw. der männerbündisch-soldatischen Kameradschaft in den ideologischen Kontexten von Anti-Bürgerlichkeit, Nation und Vaterland. Im Wüten der Freikorps und Zeitfreiwilligeneinheiten, den »Rambos der damaligen Zeit«[44] (Hobsbawm), fand all dies seinen realhistorischen Ausdruck.

---

44 Hobsbawm, Das Zeitalter der Extreme, S. 163. Zur Dolchstoßlegende vgl. u.a. Boris Barth, Dolchstoßlegenden und politische Desintegration. Das Trauma der deutschen Niederlage im Ersten Weltkrieg 1914-1933, Düsseldorf 2003. Zu den (subjektiven) Folgewirkungen vgl. Klaus Theweleit, Männerphantasien Bd. 2: Männerkörper. Zur Psychoanalyse des Weißen Terrors, Frankfurt a.M. 1978.

Nach seiner »Rede an Spartacus« vermied Gumbel bis in die dreißiger Jahre hinein unmittelbar-parteipolitisches Engagement. Weder in der USPD, noch in der SPD sollte er politisch heimisch werden. Arthur D. Brenner hält für die Zeit nach 1922 fest: »There was no comfortable political home for a socialist of Gumbel's disposition (...). He shared the widespread contempt of leftist intellectuals fort the unimpressive, increasingly bourgeois leadership of the SPD, and bore lasting bitterness over that party's betrayal of its pacifist rhetoric to support the war in 1914 and the Ebert government's use of Free Corps to suppress the socialist left in 1919.«[45]

1922 vertiefte Gumbel seine Überlegungen in dem Aufsatz »Der Bolschewismus«, der sich aber neben einer Bilanzierung der Jahre nach der Oktoberrevolution im Osten vor allem auf die politischen Auseinandersetzungen in Deutschland bezog.[46] Seine Ausführungen reflektieren bereits die Niederlagen der Arbeiterbewegung in den frühen zwanziger Jahren. Denn deutlicher als zuvor verwirft Gumbel hier die Möglichkeit, »durch die bürgerliche Demokratie zum Sozialismus zu gelangen.« Verhindert werde dieser a) durch die Verselbständigung der politischen Macht durch bürokratisch-oligarchische Tendenzen, b) die gewachsene Funktion der Massenmedien als ideologischer Apparate sowie c) die mannigfaltigen Einflussmöglichkeiten der Kapitalbesitzer, verdeckt auf die Legislative Einfluss zu nehmen. Gumbels pessimistische Bewertung des parlamentarischen Systems fußte augenscheinlich auf den Ergebnissen seiner Arbeiten über die politischen Morde, die eine Kontinuität der das Kaiserreich tragenden Eliten offenbarten. Lakonisch heißt es in »Vier Jahre politischer Mord«, über die Jahre 1918/19, »die deutsche Republik« sei »nicht das Resultat des Kampfes der deutschen Bürger, sondern der Niederlage seiner Generäle.« Es habe aufgrund mangelnden Bewusstseins kein »Umsturz«, sondern nur ein »Einsturz« stattgefunden.«[47]

---

45 Brenner, Emil J. Gumbel, S. 61.

46 Vgl. Emil Julius Gumbel, Der Bolschewismus (1922), abgedruckt bei Jansen, Emil Julius Gumbel, S. 194-203.

47 Emil Julius Gumbel, Vier Jahre politischer Mord, S. 91.

Anstelle der parlamentarischen Demokratie plädiert Gumbel nun für ein Rätesystem von »unten« – im Gegensatz zu den Entwicklungen in Russland, wo die proletarische Basis aufgrund der mangelnden Industrialisierung fehlte[48] und der Weg von »oben« beschritten wurde (allerdings ausschließlich durch die Partei und ihre zentralistischen Prinzipien).[49] Ein Weg, der wegen der besonderen Verhältnisse des Landes für Gumbel »entsetzlich« und durch »Blut und Hunger« geprägt ist.[50] In der wenige Jahre später veröffentlichten Schrift »Vom Russland der Gegenwart«, die Gumbel im Anschluss an seinen sechsmonatigen Aufenthalt in Moskau im Winter der Jahre 1925/26 verfasste, sollte er diese Gedanken vertiefen. Seine Abhandlung, »merkwürdig objektiv« (Albert Einstein) und frei von parteipolitischen Verblendungen, geht dabei von der Prämisse aus, dass »jeder Vergleich des heutigen Russland mit dem heutigen Europa unzulässig« sei. Vergleichen könne man bestenfalls das gegenwärtige Russland mit dem »Russischen Friedenszustand von 1914.«[51]

48 Hier ähneln die Auffassungen Gumbels denen von Karl Kautsky, der – entgegen Lenin – den Marxismus in eine Lehre objektiver Gesetzmäßigkeiten verwandelte, wonach der Zusammenbruch des Kapitalismus in den entwickelten Staaten gleichsam naturwüchsig erfolge.

49 Gumbel nimmt hier (1922!) gewichtige Bestandteile dessen vorweg, was der Marburger Soziologe Werner Hofmann als konstituierende Elemente des (späteren) Stalinismus bezeichnen sollte. Hofmann zählt hierzu a) Die relative Verselbständigung der Führer; b) die Verschiebung der Gewichte des erklärten »demokratischen Zentralismus« zum Zentralismus hin; c) die Verwandlung der Gewerkschaften in einseitige »Transmissionsriemen«; d) die Verunselbständigung der gesellschaftlich »Verbündeten« gegenüber den Exponenten der proletarischen Macht; e) das unmittelbare Hineinregieren der Staatspartei in die öffentliche Verwaltung des eigenen Landes sowie in die verbündeten Parteien und Regierungen anderer Länder, sowie f) die Vergröberung und Entstellung des dialektischen Materialismus. Vgl. Werner Hofmann, Grundelemente der Wirtschaftsgesellschaft. Ein Leitfaden für Lehrende, Reinbek bei Hamburg 1969, S. 123.

50 Gumbel, Der Bolschewismus, S. 195.

51 Emil Julius Gumbel, Vom Russland der Gegenwart, Berlin 1927 (Reprint Heidelberg 1982), S. 14 ff.

Für Gumbel bleibt Russland ein Land voller Widersprüche (dessen Entwicklung zum Stalinismus sich bei ihm nur ansatzweise andeutet), so wenn er bspw. die Diskrepanz zwischen der Idee vom »Absterben des Staates« einerseits und der Allmacht der Partei andererseits anführt. Treffend heißt es im Abschnitt über das russische politische System: »Das Regierungssystem ist so aufgebaut, dass die kommunistische Minderheit die gesamte Macht besitzt. Man argumentiert, dass eine wahre, nicht nur formale Demokratie erst existieren kann, wenn der Sozialismus gesiegt hat. Die im Westen übliche formale Demokratie aber sei als Weg zum Sozialismus nicht geeignet. Hierzu brauche man die Diktatur derjenigen Klasse, welche das größte Interesse an der Verwirklichung des Sozialismus hat, nämlich der Arbeiterschaft. Da diese aber zum Teil noch in kleinbürgerlicher Denkweise befangen sei, könne diese Diktatur nur von ihrem fortgeschrittensten Teil, eben der kommunistischen Partei ausgeübt werden. Und hier wiederum müssen die im revolutionären Kampf erprobten Führer herrschen. (…) An Stelle der Fiktion der klassenlosen Demokratie tritt also in Russland der Anspruch auf die Demokratie innerhalb der Partei. Nachdrücklich und mit Anführung zahlreicher Lenin-Zitate bestreitet die Partei, dass die Diktatur des Proletariats eine Diktatur der Partei sei.«[52] Man kann in diesen Zeilen Kritik bestenfalls erahnen – die stark deskriptive Darstellung ist weitgehend frei von negativ wertenden Äußerungen. Im Gegenteil – an anderer Stelle heißt es: »Hundert Millionen Bauern sind von der Knute befreit und Millionen Arbeiter dürfen in stolzer Hoffnung auf den ersten Versuch zur Verwirklichung des Sozialismus blicken.«[53]

Im Frühjahr 1932 schließlich veröffentlichte Gumbel in der Weltbühne eine dreiteilige Serie mit dem Titel »Moskau 1932«. Auch hier zeichnet Gumbel ein vielschichtiges Bild der Arbeits-, Wohn- und Lebensbedingungen der Arbeiter. Interessant ist hier vor allem sein methodischer Hinweis, wonach das Kriterium eines Vergleichs unterschiedlicher Systeme (also zwischen Kapitalismus und Sozialismus) nicht der gegenwärtige Zustand, sondern nur die jeweilige Entwick-

52 Ebenda, S. 43f.

53 Ebenda, S. 102.

lungsrichtung sein könne. Sein Fazit, formuliert auf dem Höhepunkt der Weltwirtschaftskrise und angesichts der für die Arbeiterschaft desaströsen Folgen der Sparpolitik Brünings (aber auch dem Aufstieg der NSDAP), ist eindeutig: »Von hier aus gesehen erhalten wir eine deutliche Antwort: in Russland geht es der Arbeiterschaft wesentlich besser, bei uns wesentlich schlechter als früher.«[54]

Bedeutsam scheint mir bei allen Darstellungen, dass Gumbel immer wieder auf die Bedeutung des »subjektiven Faktors« verweist: Der Fehler der Bolschewisten – und hier hat er augenscheinlich vor allem die sich an der Partei Lenins orientierenden deutschen Kommunisten und deren mechanistisch-ökonomistische Geschichtsauffassung vor Augen – sei eine zu geringe Berücksichtigung des »psychologischen Moments«: »Tatsächlich aber sehen wir gerade heute eine Reihe von nicht ökonomischen Motiven an der Arbeit. Weder der religiöse Fanatismus der früheren Zeiten, noch der Nationalismus unserer Tage lassen sich restlos auf ökonomische Gründe zurückführen«[55] – wobei für Gumbel wirtschaftliche Motive selbstredend zu diesen ideologischen Ausprägungen beitragen. Zurecht weist Frank Deppe darauf hin, dass bereits Marx und Engels die Bedeutung klassenübergreifender Ideologien unterschätzt hätten.[56] Mehr noch: Selbst in der Linken war der Begriff der »Nation« nicht selten positiv konnotiert und mit der (trügerischen) Hoffnung verbunden, ihn gleichsam progressiv besetzen zu können (hierin liegt letztlich einer der zentralen Anknüpfungspunkte für politische Grenzgänger wie Ernst Niekisch). Die Ausbreitung des Nationalismus als Mobilisierungsideologie von rechts nach dem Ersten Weltkrieg, die – in Deutschland – in der Machtübertragung an Hitler gipfelte, kann jedenfalls als unrühmlicher Höhepunkt der drei nationalistischen Jahrzehnte verstanden werden.[57]

---

54 Emil Julius Gumbel, Moskau 1932, in: Die Weltbühne vom 12.4.1932, S. 591-193, hier S. 593.

55 Gumbel, Der Bolschewismus, S. 198.

56 Vgl. Frank Deppe, Der Staat, Köln 2015, S. 52.

57 Vgl. Eric J. Hobsbawm, Nationen und Nationalismus. Mythos und Realität seit 1780, Frankfurt a.M./New York 1991, S. 155-191 (»Der Nationalismus auf dem Höhepunkt: 1918-1950«), vor allem S. 169f.

Für Gumbel ist die Entwicklung eines sozialistischen Bewusstseins in den entwickelten kapitalistischen Ländern nach 1917/18 durch die Tragik einer historischen Konstellation gekennzeichnet, wonach die Parteien der Arbeiterbewegung just zu einer Zeit an die Regierung gelangen, als der Produktionsapparat zerstört ist und die arbeitenden Massen unter der Armut ungeheuer leiden. Da die Einführung des Sozialismus intakte Produktionsmittel voraussetze, um die für die sozialistische Umgestaltung notwendigen »Kosten« (in Form kurzfristig unproduktiver Arbeiten) zu finanzieren, blockiere diese Konstellation Wege einer sozialistischen Veränderung. Denn die geringste Verschlechterung der Lebensverhältnisse würde die Konterrevolution auf den Plan rufen. Die bürgerlichen Revolutionen, die in der Befreiung des Erwerbstriebs aus feudalen Hemmnissen bestanden, hätten es dagegen vergleichsweise einfach gehabt. Verbote wurden aufgehoben, Fesseln zerbrochen, Großgrundbesitz an Bauern verteilt, Leibeigenschaft, Zunftzwang und der Zehnt aufgehoben – Anlehnungen Gumbels an das Kommunistische Manifest, wonach die zur Herrschaft gelangte Bourgeoisie »alle feudalen, patriarchalischen, idyllischen Verhältnisse zerstört« habe, sind unverkennbar.[58] Anders die Situation in Deutschland nach 1918: In wechselseitiger Abhängigkeit stärkten der linke Putschismus und die Zusammenarbeit der Sozialdemokratie mit den alten Machthabern, vorweg der Obersten Heeresleitung, in der Öffentlichkeit die Furcht vor Revolution und Bolschewismus. Sie trügen damit zum Erstarken der reaktionären Kräfte bei, wie sich sowohl bei den Wahlen zur Nationalversammlung am 19.1.1919 (hier erhielten die beiden sozialdemokratischen Parteien nur 185 der insgesamt 421 Sitze) als auch beim sog. Kapp-Putsch eineinhalb Jahre nach Kriegsende zeigen sollte, als sich die wiedererstarkte Rechte auf den Weg zur putschistisch-militärischen Eroberung der diktatorischen Macht begab.

58 Karl Marx/Friedrich Engels, Manifest der Kommunistischen Partei (1848), in: Karl Marx/Friedrich Engels, Werke (MEW) Bd. 4, Berlin (DDR) 1983, S. 459-493, hier S. 464.

In den hier zitierten Aufsätzen offenbart sich das in der deutschen Nachkriegszeit grundlegende Dilemma eines unabhängigen Linksintellektuellen: »Zwischen einem linken Aktionismus, verbunden mit politischen Fehleinschätzungen und Irrwegen, auf der einen Seite und perspektivlosem Pragmatismus ohne die Möglichkeit oder Fähigkeit, grundsätzliche gesellschaftliche Veränderungen durchzusetzen, auf der andern Seite, die eigene kritische Position zu bestimmen – mit nur geringen Chancen, sie politisch realisieren zu können.«[59] Gumbel bewegt sich mit seinem Überlegungen folglich in einem Spannungsverhältnis, das, so Frank Deppe, die politischen Orientierungen des Teils des linken Flügels der Arbeiterbewegung, der sich nicht am russischen Vorbild und dem leninistischen Parteiverständnis orientiert, in den Anfangsjahren der Weimarer Republik bestimmt: Auf der einen Seite steht die Anerkennung und Verteidigung der parlamentarischen Demokratie; auf der anderen Seite die Vertretung der sozialen Interessen der Arbeiter, die – so der allgemein sozialdemokratische Tenor seit dem Erfurter Programm (1891) – nur in einer sozialistischen Gesellschaft umfassend zur Geltung gelangen können. Die »demokratische Frage« bzw. das Verhältnis von demokratischer und sozialer Frage wurde so spätestens nach Ende des Ersten Weltkriegs zum zentralen, nicht nur theoretischen, sondern durch und durch praktischen Problem für die sozialistische Arbeiterbewegung.[60]

Für die Praxis des Leninschen Bolschewismus (sein politisches Denken wie auch seine Konzeptionen zur Rolle der Räte waren auf die Unmittelbarkeit der Revolution, die »russischen Verhältnisse« bezogen) und die kommunistische Bewegung in Deutschland, die Lenin bruchlos auf die entwickelten kapitalistischen Staaten übertrug, war die Unterschätzung der Demokratiefrage evident. Das politische System der Parteidiktatur, das sich unter Lenin herauszubilden begann, führte zu einer Bürokratisierung eines streng obrigkeitsorientierten Herr-

59 Lersch, Politische Gewalt, S. 116.

60 Vgl. Frank Deppe, Politisches Denken im 20. Jahrhundert, Bd. 2: Politisches Denken zwischen den Weltkriegen, Hamburg 2003, S. 211, FN 3 sowie S. 257, FN 44.

schaftssystems, in dem alle wichtigen Entscheidungen auf höchster Ebene getroffen und von oben nach unten durchgesetzt wurden. Westliche Demokratietraditionen und -vorstellungen jenseits des »revolutionären Bolschewismus« konnten folglich nur als »reformistisch« und »illusionär« abgetan bzw. denunziert werden. Damit aber wurden Anstrengungen auf dem Gebiet einer marxistischen Theorie der Politik, des Rechts und der Verfassung blockiert (was indirekt auch dazu führte, dass die KPD sukzessive an Anziehungskraft auf Intellektuelle verlor). Die staatstheoretischen Reflexionen dieser Jahre zur »demokratischen Frage« blieben folglich zumeist auf Vertreter der (linken) Sozialdemokratie beschränkt (zu nennen sind hier Juristen wie Karl Korsch, Hugo Sinzheimer, Ernst Fraenkel, Franz Neumann, Otto Kirchheimer), die aber durch ihre Staatsfixierung ebenfalls theoretischen Beschränkungen unterworfen waren.[61]

Damit vertiefte sich aber auch die Spaltung der Arbeiterbewegung. Die Auseinandersetzungen zwischen ihren Flügeln steigerten sich, wenn die sozialdemokratische Parteiführung (oder sozialdemokratische Regierungsmitglieder) sich mit antisozialistischen Kräften, die häufig zugleich zudem auch antidemokratisch eingestellt waren, verbündete, um staatliche Maßnahmen der gewaltsamen Unterdrückung gegen revolutionäre Bestrebungen von links zu initiieren oder auch nur zu tolerieren.[62] Ihren partiellen Rückhalt fand diese Politik bei den Teilen der Partei, die sich 1914 von der Kriegsideologie und dem Militarismus des Wilhelminismus hatten mitreißen lassen. Sie, die »ihre Knochen für die Nation hingehalten« hatten, traf der Vorwurf der »vaterlandslosen Gesellen« und des »Verrats« besonders hart. Die »Dolchstoßlegende« hatte vor dem Hintergrund einer subkutanen Wehrbegeisterung bei Teilen der sozialdemokratischen Basis

61 Vgl. ebenda, S. 296-298. Über die historische Reichweite dieser »Blockade« und die damit verbundenen Defizite einer politischen Theorie in den Traditionen marxistischen Denkens (für Louis Althusser, Hamburg 1978, die »Krise des Marxismus«) kann hier nur spekuliert werden. Die Konstellation des sog. Systemgegensatzes jedenfalls beförderte diese eher als zu ihrer Überwindung beizutragen.

62 Vgl. ebenda, S. 278-284.

daher auch die ideologische Funktion, das Idealbild nationaler Wehrhaftigkeit in die Republik zu transformieren.[63]

Die Auswirkungen derartiger Politik bestätigten und bestärkten gleichsam indirekt die die formale Demokratie ablehnende Haltung des kommunistischen Teils der Arbeiterbewegung. Letztlich liegt in dieser Konstellation wohl eine der zentralen Ursachen für das von beiden Seiten zu verantwortende Scheitern eines gemeinsamen Abwehrkampfes gegen den Faschismus.

Die von Gumbel in dieser Zeit favorisierte »Rätekonzeption von unten«, verstanden als eine Partizipationsform unmittelbarer, direkter Demokratie (hierin Rousseaus Überlegungen zur Identität von Regierenden und Regierten nicht unähnlich) auf der Basis eines streng imperativen Mandats, lässt sich zunächst recht allgemein als Teil einer linken »Suchbewegung nach Formen, Institutionen und Verfahren einer offensiven Demokratisierung«[64] deuten. Sie war Teil einer Ausschau nach Alternativen zu jenen bürgerlichen Varianten eines Repräsentations- und Gewaltenteilungsmodells, das die bürgerliche Herrschaftssicherung mittels sozial-habitueller Elitenrekrutierungsmechanismen steuerte und von daher gerade als Ausdruck mangelnder, wenn nicht gar fehlender Demokratie wahrgenommen wurde. Zugleich war mit

63 In der von Adelheid Schulze und mir verfassten Studie über die Morde von Mechterstädt werden der republikanische (sozialdemokratische) Nationalismus und die Faszination am Militärischen am Beispiel der sog. »Marburger Volkskompanie« verdeutlicht. Die aus Sozialdemokraten und Republikanern bestehende Einheit weist den vom Studentenkorps Marburg (einer pro-kappistischen Kerntruppe zur Niederschlagung angeblicher Arbeiteraufstände) formulierten Vorwurf, undisziplinierte Soldaten zweiter Klasse zu sein, brüsk von sich und erhebt den Anspruch, »als frischeste aller Truppen« durchs Land zu ziehen. Vgl. Dietrich Heither/Adelheid Schulze, Die Morde von Mechterstädt 1920. Zur Geschichte rechtsradikaler Gewalt in Deutschland, Berlin 2015, hier S. 171-176. Von August Bebel über Herbert Wehner bis Helmut Schmidt reicht eine (sozialdemokratische) Faszination der Wirkungen der Militärischen in puncto (preußischer) Disziplin samt korrespondierender Sekundärtugenden, die häufig mit anti-pazifistischer Distanz einhergeht und sich noch in der Gegenwart im positiv konnotierten Begriff des »Parteisoldaten« niederschlägt.

64 David Salomon, Demokratie, Köln 2012, S. 83.

diesen Überlegungen aber auch Kritik am leninschen Parteiverständnis verbunden.

Letztlich reflektieren Gumbels Ausführungen gravierende Veränderungen in der Entwicklung des (bürgerlichen) Staates. Denn anders als in Russland, wo der Kapitalismus vor der Revolution vergleichsweise gering entwickelt war, verarmte Bauern die stärkste Klasse repräsentierten, der Staat die Form der unmittelbaren Diktatur annahm und sein Sturz mittels politisch-militärischer Gewalt in die politische Form einer »nachholenden Entwicklungsdiktatur« mündete (und angesichts der internationalen Entwicklungen vielleicht sogar münden musste – Gumbel enthält sich zumindest bis 1927 negativer Wertungen[65]), stellte sich das politische Terrain in den entwickelten kapitalistischen Staaten dar. Hier wurde die Stabilität der Klassenherrschaft durch Institutionen gesichert, die im gesellschaftlichen Alltag die Hegemonie durch ein ausgewogenes Verhältnis von Zwang und Konsens sicherten.[66] In diesem Zusammenhang ist auf die Arbeiten Antonio Gramscis hinzuweisen,[67] der, Lenin bewundernd, die Kampfbedingungen der europäischen Arbeiterbewegung im Westen analysierte und der Frage nachging, warum bzw. woran dort die Revolutionen gescheitert waren. Gramsci führt hier als zentralen Grund die »robuste Struktur der Zivilgesellschaft« an, metaphorisch beschrieben als »Kette von Festungen und Kasematten«, die gleichsam im Hinterland die Repressions- und Gewaltapparate des Staates (den »vorgeschobenen Schützengraben«) an der Front sichern. Der Eroberung der eigentlichen Staatsmacht im »Bewegungskrieg« müsse daher der langwierige »Stellungskrieg« um die Hegemonie in der Zivilgesellschaft vorausgehen.

65 Der gewiss nicht Sympathien für den Bolschewismus verdächtige Ossip K. Flechtheim vermag in seiner 1982 verfassten Vorbemerkung zu Gumbels Schrift »Vom Russland der Gegenwart« denn auch nur wenige kritische Hinweise Gumbels zur Situation in Russland aufzuspüren.

66 Vgl. Deppe, Der Staat, S. 58f.

67 Vgl. auch Deppe, Politisches Denken im 20. Jahrhundert, Bd. 2, S. 207-276 (»Antonio Gramsci – das Scheitern der bolschewistischen Revolution im Westen«).

Nun war der Staat des Kaiserreichs auch in seinen zivilen Institutionen kaum ein Feld für politische Auseinandersetzungen. Für die Arbeiterbewegung galt es, Gegenöffentlichkeit (als Voraussetzung des Erringens von Hegemonie) herzustellen, die vor allem aus den eigenen Organisationen (seit dem Fall des Sozialistengesetzes war in Deutschland im Umkreis der Arbeiterparteien ein breites Spektrum kultur- und sozialpolitischer »Neben«-Organisationen entstanden,[68] das in Anlehnung an Gramsci als »privater Gegenapparat« bezeichnet werden kann) heraus zu formulieren und durch diese herzustellen war. Denn der Staat des Kaiserreichs ordnete seine ideologischen Apparate, vor allem die für die soziale und politische Sozialisation (zentral: die Sicherung von Loyalität) so bedeutsamen Schulen und Universitäten, bereitwillig den feudal-bürgerlichen Herrschaftsinteressen unter. Auseinandersetzungen um die Ausrichtung der Bildungspolitik waren vor 1914 daher nahezu ausschließlich Auseinandersetzungen innerhalb dieses herrschenden Blocks, kaum aber ideologische Kämpfe zwischen den Klassen – die Grenzziehungen waren hier zu eindeutig.[69] Die Auswirkungen der ideologischen Staatstätigkeit hat Wolfgang Abendroth knapp und eindringlich beschrieben: »Die Arbeiter waren als Kinder in allen Ländern Europas in den Schulen des bürgerlichen Staates mit seinen patriotischen Phrasen großgezogen worden, und so hatte sich überall ein Unterbewusstsein – neben dem kritischen Bewusstsein, das sich in den sozialdemokratischen Organisationen darüber geschoben hatte – erhalten, das von diesem Phrasengewirr der Kaisertreue und des Patriotismus erfüllt war.«[70]

68 Vgl. hierzu Hartmann Wunderer, Arbeitervereine und Arbeiterparteien. Kultur- und Massenorganisationen in der Arbeiterbewegung (1890-1933), Frankfurt a. M./New York 1980. Diese Organisationen wurden durch den Faschismus brutal zerschlagen.

69 Vgl. hierzu die Darstellung des Schul- und Hochschulsystems bei Hans-Ulrich Wehler, Deutsche Gesellschaftsgeschichte Bd. 3: Von der »Deutschen Doppelrevolution« bis zum Beginn des Ersten Weltkrieges 1849-1914, München 1995, S. 1191-1232.

70 Abendroth, Einführung in die Geschichte der Arbeiterbewegung, S. 146.

Mit der Weimarer Republik wurde das Feld der politisch-ideologischen Kämpfe in Ansätzen neu formiert, nahm die Komplexität des Herrschaftssystems zu, konnten die staatlichen Institutionen ihrerseits, zumindest begrenzt, zum politischen Kampffeld werden. Allerdings waren die sozialen wie materiellen Voraussetzungen hierfür höchst unterschiedlich: Die Kontinuität der traditionellen Eliten – Justiz, Militär und hohe Beamtenschaft entstammten dem monarchistischen Obrigkeitsstaat und dessen ideologischen Traditionen; sie repräsentierten und vertraten nicht nur entschieden antisozialistische, sondern auch antidemokratische und antiliberale Haltungen – garantierte gerade auch durch das Staatshandeln die Fortexistenz bürgerlicher Herrschaft.[71] So bildeten vor allem Exekutive und Judikative ein antidemokratisches Gegengewicht gegenüber der immerhin durch die Möglichkeit neuer Mehrheitsbildungen sich konstituierenden Legislative (»Divergenz der Gewalten«).

Zunächst durch Zugeständnisse und Kompromisse zur Aufrechterhaltung der Eigentumsverhältnisse eingeschränkt, wurden die mit der Novemberrevolution verbundenen sozialen Errungenschaften in den folgenden Jahren – teils sogar mit Zustimmung einer Mehrheit der sozialdemokratischen Reichstagsabgeordneten – immer weiter zurückgedrängt (zu verweisen ist in diesem Zusammenhang auf die verheerenden Auswirkungen der Inflation, die Erhöhung der Arbeitszeit durch die Aufgabe des Achtstundentags (1923), die Kürzung der Beamtengehälter, die Reduzierung der Unterstützungssätze für Arbeitslose und Kurzarbeiter, die Einführung der staatlichen Zwangsschlichtung, die Folgen der Weltwirtschaftskrise (seit 1929) usw.),[72] bis die »Weimarer Reichsverfassung«, die immerhin einige sozialistische Elemente hinsichtlich der Wirtschaftsordnung, der sozialen Sicherungen und der Wirtschaftsdemokratie enthielt, im Jahre 1933 außer Kraft gesetzt und die organisierte Arbeiterbewegung zerschlagen wurde. Gleichwohl – auch dies zeigt diese Aufzählung – konnten der

71 Vgl. Kühnl, Die Weimarer Republik, S. 55 ff.

72 Vgl. Georg Fülberth/Jürgen Harrer, Die deutsche Sozialdemokratie 1890-1933, Darmstadt/Neuwied 1974, S. 179 f.

Legislative gesellschaftliche Lösungen sozialökonomischer Konflikte in den Anfängen der Republik aufgezwungen werden. Insofern war das Kräfteverhältnis der Klassen in die innere Struktur und Funktionsweise des nun »integralen Staates« (Gramsci) »eingeschrieben«. Skizzieren wir mit Frank Deppe kurz die historisch-logische Chronologie: »Die Kämpfe der Arbeiterklasse entwickeln sich zuerst in der Zivilgesellschaft: in den Wohnbezirken, in den Betrieben, auf lokaler Ebene, insgesamt also auf der Ebene des ›senso commune‹, des Alltagsverstandes. Erst wenn diese Kämpfe ein bestimmtes Niveau erreicht haben, also Kräfteverhältnisse zwischen Kapital und Arbeit sich verändert haben und zugleich ein höherer gewerkschaftlicher und politischer Organisationsgrad sich durchgesetzt hat, erst dann greifen diese Kämpfe auf die Ebene der ›politischen Gesellschaft‹, auf den Staat, auf die Veränderung des Systems der Klassenherrschaft insgesamt, über.«[73]

Hegemonie, Ideologie und Psychologie, Wissenschaft und intellektuelle Aufklärung – die von Gumbel verwendeten Termini bzw. Argumentationsfiguren können letztlich als Ausdruck dieses Übergreifens der Kämpfe gedeutet werden. Sie verweisen implizit auf die Erweiterung der Staatsfunktionen (bzw. reflektieren diese in Ansätzen bereits analytisch) und richten sich – ganz im Sinne von Gramscis erweitertem Staatsbegriff – gegen jede Form von »Ökonomismus« und »Klassenreduktionismus«.[74] Gumbel sollte sich in den folgenden Jahren – um auch hier in der Sprache Gramscis zu bleiben – als beharrlicher Intellektueller des Stellungskrieges im Feld hegemonialer Kämpfe erweisen. Auch wenn er dabei einige Kugeln der Gegner abbekommen sollte …

73 Deppe, Politisches Denken im 20. Jahrhundert, Bd. 2, S. 246.

74 Vgl. ebenda, S. 247.

Kapitel III
»Politische Morde«: Opfer und Täter (1919-1922)

Die Themen seiner politischen Publizistik sollte Gumbel von nun an im nimmer enden wollenden Kampf für den Erhalt der Demokratie finden, und das bedeutete, so Wolfgang Benz, anzuschreiben »gegen die Reaktion in den Reihen der Reichswehr, des Beamtentums und der Justiz.«[75] Erstere war im März 1920 im sog. Kapp-Putsch[76] am gewaltsamen Versuch der Machtergreifung beteiligt, um die aufgrund des Drucks der revolutionären Bewegung erzielten Ergebnisse der Novemberrevolution gewaltsam zu revidieren. Letztere deckte davor und danach »als noch schrecklichere Klassenjustiz«[77] (Gumbel) die von rechts begangenen Verbrechen. Gegen diese Bastionen des Staates vorzugehen bedeutete nichts anderes, als sich permanent mit den »Stützen der damaligen Gesellschaft«, die der Karikaturist George Grosz 1926 in einer seiner berühmten Zeichnungen verewigte, anzulegen.

Bereits im Sommer 1921 erschien die Broschüre »Zwei Jahre Mord«,[78] gewidmet »dem Andenken aller, die für die Freiheit starben.« Das Vorwort zu dieser ersten, akribisch zusammengestellten Sammlung von Prozessberichten, Nachrichten und Unterlagen über die Verbrechen, die seit der Novemberrevolution aus politischen Mo-

75 Benz, Emil J. Gumbel, S. 165.

76 Vgl. hierzu grundlegend: Erwin Könnemann/Gerhard Schulze (Hrsg.), Der Kapp-Lüttwitz-Ludendorff-Putsch: Dokumente, München 2002.

77 Emil Julius Gumbel, Vier Jahre politischer Mord, Berlin 1922, S. 87.

78 Vgl. Emil Julius Gumbel, Zwei Jahre Mord, Berlin 1921.

tiven in Deutschland verübt worden waren, hatte der Arzt und Professor der Physiologie Georg Friedrich Nicolai verfasst, wie Gumbel ein bekannter Kriegsgegner.[79] In diesem fasste er die beiden wesentlichen Resultate der kleinen Studie zusammen: »Was die Taten selbst anlangt, so sind fast sämtliche Führer der extremen Linken durch ungesetzliche Handlungen beseitigt; dagegen ist kein Führer der extremen Rechten getötet worden. (...) Was die Bestrafung dieser Taten anlangt, so sind die relativ wenigen Attentate gegen Reaktionäre so gut wie sämtlich durch schwere Strafe gesühnt; von den sehr zahlreichen Attentaten gegen Männer der Linken ist dagegen kein einziges gesühnt: Gutgläubigkeit, falsch verstandene Befehle oder letzten Endes auch Verrücktheit waren hier immer Entschuldigungsgründe, soweit überhaupt ein Verfahren stattfand.«[80]

Prominente Ermordete wie Karl Liebknecht, Rosa Luxemburg, Kurt Eisner und Gustav Landauer waren bei Gumbel ebenso verzeichnet wie die Verbrechen an unbekannten »kleinen« Leuten.[81] Die Morde während der Münchner Räterepublik fehlten genau so wenig wie die im Rahmen des Kapp-Putsches begangenen Verbrechen. Kurt Tucholsky, der zusammen mit Karl Holtz die »Fälle« in einer Karikatur verewigte, pries das kleine Büchlein emphatisch an: »Lest dieses Buch von der deutschen Schande! Von der Schande unsres Militärs

---

79 Nicolais Schicksal sollte gleichsam eine Vorwegnahme des Lebenslaufes von Gumbel sein: Georg Friedrich Nicolai wurde, er hatte 1917 das antimilitaristische, weltweit Aufsehen erregende Buch »Die Biologie des Kriegs« veröffentlicht, in Berlin aufgrund des Drucks nationalistischer Studenten die universitäre Lehrerlaubnis entzogen, sodass er 1922 nach Argentinien emigrierte. Die Vertreibung des Geistes aus Deutschland begann früh.

80 Gumbel, Zwei Jahre Mord, S. 4 (Vorwort Nicolais).

81 Eines der von Gumbel beschriebenen Verbrechen waren die Morde an den Arbeitern von Bad Thal in der Gemarkung Mechterstädt durch das Studentenkorps Marburg (S. 41-43). Die von Adelheid Schulze und mir verfasste Studie über die »Morde von Mechterstädt« erhärtet nicht nur den von Gumbel schon 1921 formulierten Mordverdacht, sondern zeigt die in allen Verfahren begangene Rechtsbeugung sowie die Fortexistenz des Studentenkorps Marburg (StuKoMa) in den illegalen Formationen des Weimarer Präfaschismus auf.

und von der Schande unsrer Justiz! Unterstützt von einem verprügelten und auf seine Unterkasten stolzen Bürgertum wüten Exekutive und Rechtsprechung nach wie vor, Woche aus, Woche ein gegen Schwarz-Rot-Gold für Schwarz-Weiß-Rot, gegen die Republik für die Monarchie, gegen den Geist – für Preußen und Bayern und, wenn's so weiter geht, für ihr Deutschland.«[82]

Gumbel legte nach: Eine Erweiterung der Dokumentation wurde im Oktober 1922 als fünfte Auflage unter dem Titel »Vier Jahre politischer Mord« herausgegeben. Bei dem Anita Orienter, einer Kunsthistorikerin, die Gumbel 1923 beinahe geheiratet hätte,[83] gewidmetem Werk handelte es sich nun um eine Aufstellung der zwischen 1918 und 1922 insgesamt 354 begangenen politischen Morde von rechts, die zu einer Gesamtsühne von lediglich einmal lebenslänglicher Arrestierung, 90 Jahren und zwei Monaten Haft sowie einer Geldstrafe von 730 Mark führten. Diesen standen 22 Morde von links gegenüber, die allerdings mit einer Gesamtsühne von zehn Erschießungen, 248 Jahren und neun Monaten Haft sowie drei lebenslängliche Zuchthausstrafen belegt wurden.[84] Die in Tabellenform von Gumbel präsentierte Übersicht findet noch heute in Schulbüchern der Bundesrepublik Verwendung; häufig allerdings, ohne auf ihren Urheber zu verweisen bzw. auf dessen Arbeiten näher einzugehen.

Wie Gumbels Statistiken (siehe folgende Seite) eindrucksvoll belegen, wurden die politischen Morde primär von den rechts gerichteten, republikfeindlichen und nationalistischen Kreisen verübt. Die große Differenz bei der Zahl der Morde von links und rechts ist jedoch nach Gumbel nicht auf moralische Unterschiede der politischen Strömungen zurückzuführen. Die Ursache sieht er vielmehr in unterschiedlichen theoretischen bzw. ideologischen Positionierungen und Bindungen. Die Anhänger der Linksparteien seien »durch Jahrzehnte

82 Ignaz Wrobel (= Kurt Tucholsky), Das Buch von der deutschen Schande, in: Die Weltbühne vom 8.9.1921, S. 237.

83 Vgl. Jansen, Emil Julius Gumbel, S. 29.

84 Emil Julius Gumbel, Vier Jahre politischer Mord, Berlin 1922, S. 78 und S. 80.

Aufstellung zur Anzahl und Bestrafung der politischen Morde

	Politische Morde begangen von *Linksstehenden*	*Rechtsstehenden*	Gesamtzahl
Gesamtzahl der Morde	22	354	376
davon ungesühnt	4	326	330
teilweise gesühnt	1	27	28
gesühnt	17	1	18
Zahl der Verurteilungen	38	24	
Geständige Täter freigesprochen	–	23	
Geständige Täter befördert	–	3	
Dauer der Einsperrung pro Mord	15 Jahre	4 Monate	
Zahl der Hinrichtungen	10	–	
Geldstrafe pro Mord	–	2 Papiermark	

Aus: Emil Julius Gumbel, Vier Jahre politischer Mord, Berlin 1922, S. 81

gewerkschaftlicher Schulung gegangen, die ihnen die Massenaktion als einzig wirksames Kampfmittel predige. Denn der linken Bewegung liegt die materialistische Geschichtsauffassung zugrunde, welche die ökonomischen und technischen Momente als in der Geschichte wirkende Faktoren betont. Bei der Rechten fehlt eine solche Gewerkschafts-Schulung. (Bei) ihr handelt es sich darum, die für sie durch die Worte ›Ruhe und Ordnung‹ charakterisierte anarchische Wirtschaftsordnung aufrecht zu erhalten. Und diesem Ziel entsprechen individuelle Mittel, die in ihrer Wirkung der anarchistischen ›Propaganda der Tat‹ identisch sind. Denn die Rechte ist Anhängerin der heroischen Geschichtsauffassung, wonach der Held die Geschichte »macht«. Entsprechend ist die Rechte geneigt zu hoffen, sie könne die linke Opposition, die getragen ist durch die Hoffnung auf eine radikal andere Wirtschaftsordnung, dadurch vernichten, dass sie die Führer beseitigt.[85]

85 Ebenda, S. 146.

Bereits im Vorwort dieser Schrift konstatierte Gumbel ein erstes Kuriosum: »Obwohl die Broschüre keineswegs unbeachtet blieb, ist von behördlicher Seite kein einziger Versuch gemacht worden, die Richtigkeit meiner Behauptungen zu bestreiten. Im Gegenteil, die höchste zuständige Stelle, der Reichsjustizminister, hat meine Behauptungen mehrmals ausdrücklich bestätigt.«[86] Der hier angesprochene Minister, es handelt sich um den Sozialdemokraten Gustav Radbruch, hatte, nachdem er bereits zuvor im Reichstag auf das Buch Gumbels hingewiesen und den damaligen Justizminister »formell« aufgefordert hatte, den einzelnen Fällen nachzugehen,[87] mit Amtsübernahme im Oktober 1921 die Untersuchungen Gumbels vorangetrieben und bei den zuständigen Justizverwaltungen der Länder zu den aufgelisteten »Fällen« nachgefragt. Bereits im Mai 1922 lagen entsprechende Auskünfte vor, die er in einer Denkschrift zu veröffentlichen gedachte. Aber erst im Oktober 1923 war diese, nachdem seitens linker Abgeordneter im Reichstag (KPD/USPD) zum Ergebnis der Auskünfte nachgefragt worden war,[88] endlich druckreif. Nun aber passierten, wie Gumbel formulierte, wiederum »seltsame Dinge«. Er erhielt am 23. November vom Justizministerium die Mitteilung, die Denkschrift liege dem Reichstag vor. »Naive Leute«, so kommentierte Gumbel die sich anschließende Posse, »konnten damals annehmen, dass man also beim Erscheinen der nächsten Reichstagsdrucksache mit Befriedigung lesen werde, was die Justizverwaltungen der Länder zu der Behauptung zu sagen haben, dass in den letzten Jahren etwa 400 politische Morde vorgekommen sind, dass sie alle von rechtsradikaler Seite begangen wurden und dass so ziemlich keine Bestrafungen erfolgt seien. Man erwartete entweder eine Widerlegung dieser Behauptung oder eine Bestätigung, auf jeden Fall aber eine Antwort. Aber die Sache kam anders.«[89] Denn als

86 Ebenda, S. 6.

87 Rede des Abgeordneten Radbruch, Protokoll der Reichstagssitzung vom 5.7.1921 (131. Sitzung), S. 4433.

88 Anfrage der Abgeordneten Frölich, Koenen, Bartz und Thomas, Anfrage Nr. 1926, Reichstagsprotokolle 1920/24, S. 5764.

89 Vorwort »Die Entstehung der Denkschrift« aus der Denkschrift des Reichsjustizministers zu »Vier Jahre politischer Mord«, hrsg. von E. J. Gumbel, Berlin 1924, S. 6f.

Gumbel um ein Exemplar der von ihm verfassten Denkschrift bat, wurde ihm mitgeteilt, dass das Reichsjustizministerium gar keine Abschriften der Denkschrift hatte anfertigen lassen; lediglich in einem (!) Exemplar lag diese im Archiv des Reichstags zur Einsicht aus.[90] Die Begründung: Wegen der »ungeheuren Kosten« und »gebotener Sparsamkeit« habe die Drucklegung unterbleiben müssen. Mit bitterem Sarkasmus hielt Friedrich Schwag 1924 in der »Weltbühne« fest: »Weit über vierhundert gemordete Menschen sind der deutschen Regierung nicht die Druckkosten einer Broschüre wert.«[91]

Immerhin: Gumbel durfte auf eigene Kosten von dem einzigen vorhandenen Exemplar eine Abschrift anfertigen lassen. Diese ließ er 1924 – und damit war wohl nicht gerechnet worden – im Berliner Malik-Verlag auf eigene Kosten veröffentlichen und versah sie mit kritischen Kommentaren. Die Bedeutung dieser Veröffentlichung fasst der Zeithistoriker Wolfgang Benz wie folgt prägnant zusammen: »Er behielt recht. Das Ganze war nicht eine Serie von einzelnen Justizskandalen, die ganze Justiz war ein einziger Skandal.«[92]

»Vier Jahre politischer Mord«[93] enthält eine detaillierte Beschreibung der einzelnen Tathergänge sowie eine analytisch gehaltene »Soziologie der politischen Morde«, die auch heute noch aufschlussreiche Erkenntnisse vermittelt. Darin nennt Gumbel u.a. die Beeinflussung der öffentlichen Meinung durch die unorganisierte Verbreitung von Lügen sowie das systematische Irreführen seitens der Presse und anderer Formen politischer Propaganda bis Kriegsende, die in der »Dolchstoßlegende« ihre Fortsetzung fand. Präzise nennt er deren ideologische Funktionen und Folgewirkungen, vor allem aber auch die für diese politisch Verantwortlichen: »Dass von Regierungsseite das Volk nicht aufgeklärt wurde [Gumbel meint hier das militärische

90 Vgl. den entsprechenden Hinweis des Präsidenten Löbe, Protokoll der Reichstagssitzung vom 4.12.1923 (394. Sitzung), S. 12295.

91 Friedrich Schwag, Die Denkschrift des Reichsjustizministeriums, in: Die Weltbühne vom 24.7.1924, S. 125/126, hier S. 125.

92 Benz, Emil J. Gumbel, S. 167.

93 Gumbel, Vier Jahre politischer Mord.

Scheitern, D. H.], liegt daran, dass die Regierung in ihrem zum Teil von ihr provozierten Kampf gegen die bolschewistische Linke die rechtsstehenden ›Ordnungsleute‹, auf die sie sich stützte, nicht allzusehr verschnupfen wollte. In ihrer Machtlosigkeit und verhängnisvollen Kurzsichtigkeit hat die Regierung sogar die Möglichkeit eines Militärputsches geleugnet, ihre eigenen Gegner bewaffnet, die Arbeiterschaft, auf die sie sich stützen konnte, entwaffnet.«[94] Von Bedeutung sind zudem die Abschnitte über die demokratische Struktur der neuen Republik, in denen Gumbel zwischen Verfassungsnorm und -wirklichkeit differenziert. Von hier gelangt er zur »Mitschuld der Gerichte«, deren Parteilichkeit er vielfach belegt. So dienen neben der akribischen Auflistung der Opfer und Täter Gumbels Schriften aus den Anfängen der Weimarer Republik bis heute als der wohl wichtigste und einflussreichste Beleg der These einer anti-republikanischen und anti-linken Klassenjustiz.[95]

94 Ebenda, S. 93.

95 Vgl. Brenner, Emil J. Gumbel, S. 71, der zu einer ähnlichen Wertung gelangt.

Exkurs

»Acht Jahre politische Justiz«: Anmerkungen zum Weimarer Gerichtswesen (1927)

»Auf der Anklagebank saßen und sitzen nicht die unerzogenen und ungehemmten völkischen Bengels – auf der Anklagebank sitzen die bürgerliche Gesellschaft und ihre Justiz.«[96]

Friedrich Schwag

Gumbel dokumentierte in seinen Darstellungen der politischen Morde zwar die Ergebnisse der Klassenjustiz, zu einer systematischen Analyse ihrer Ursachen gelangte er indes nicht, sieht man von wenigen Hinweisen zum gerade in den Anfangsjahren der Weimarer Republik so häufig zu beobachtenden »Erschießen auf der Flucht« ab. Denn mit diesem zeitgenössischen Rechtsterminus wurden in der Regel, der Täterperspektive folgend, jegliche Tötungsabsicht und folglich auch der Mordvorwurf bestritten. Bei dem nicht-justiziablen Synonym für kaltblütigen Mord (auch Karl Liebknecht soll noch schwer verletzt »geflohen« sein)[97] wurde auf eine alte Verordnung vom 20. März 1837 (!) Bezug genommen, die 1918 nicht aufgehoben wurde und

96 Friedrich Schwag, Die Denkschrift des Reichsjustizministeriums, S. 126.

97 Vgl. Elisabeth Hannover-Drück/Heinrich Hannover (Hrsg.), Der Mord an Rosa Luxemburg und Karl Liebknecht, Frankfurt a. M. 1967.

nach der davon auszugehen sei, dass der Soldat zum »Erschießen auf der Flucht« grundsätzlich das Recht habe. Daher obliege nicht ihm der Nachweis der Rechtmäßigkeit seines Tuns; vielmehr müssten die Hinterbliebenen beweisen, dass der Soldat seine Befugnisse überschritten und ein Fluchtversuch nicht vorgelegen habe, was in der Praxis natürlich so gut wie unmöglich war. So wurde stets »durch das Zeugnis der Täter der Beweis der Rechtmäßigkeit der Tötung einwandfrei erbracht.«[98]

Gumbel sollte in der folgenden Zeit »Material« für die zahlreichen Fehlurteile und »Justizskandale« der Weimarer Republik liefern. Sie finden sich etwa im 1927 von der Deutschen Liga für Menschenrechte herausgegebenen Weißbuch »Acht Jahre politische Justiz«,[99] an dem Gumbel offenkundig als Mitverfasser beteiligt war. Bei einer öffentlichen Kundgebung in der Berliner Piscator-Bühne forderte er im selben Jahr (23. Oktober 1927) zusammen mit Heinrich Mann, Erich Mühsam, Alexander Granach, Victor Fraenkl und Arnold Freymuth die Amnestie für die von der Klassenjustiz inhaftierten linken politischen Gefangenen. Gumbel beteiligte sich ferner an Petitionen zur Demokratisierung der Justiz und unterzeichnete bspw. die »Eingabe der Deutschen Liga für Menschenrechte zur Republikanisierung der Justizverwaltung« im Juni 1922, in der auf die Besetzung leitender Richterstellen durch deutschnationale und republikfeindliche Personen hingewiesen wurde.[100]

Weil Gumbel zu einer Analyse der politischen Justiz nur in Ansätzen gelangte, soll an dieser Stelle wenigstens kurz auf die zeitgenössische Literatur verwiesen werden, vor allem auf die Arbeiten von Erich Kuttner, Otto Kirchheimer und Ernst Fraenkel, die die Erkenntnisse Gumbels vertiefen und systematisieren.

98 Gumbel, Vier Jahre politischer Mord, S. 118.

99 Deutsche Liga für Menschenrechte (Hrsg.), Acht Jahre politische Justiz. Eine Denkschrift, Berlin 1927.

100 Eingabe der Deutschen Liga für Menschenrechte zur Republikanisierung der Justizverwaltung, Juni 1922, zitiert nach Carl von Ossietzky, Sämtliche Schriften, hrsg. von Werner Boldt u. a. Bd. VII: Briefe und Lebensdokumente, Dokument Nr. 146, S. 172-173.

Erich Kuttner, der der Frage nachging, *warum* die Justiz versage, bezog sich in seinen Arbeiten vor allem auf die Judikative. Der Richterstand der Republik war ohne Einschnitte aus dem Kaiserreich übernommen worden und bestand folglich »aus den gleichen physischen Personen, die das alte System sorgfältig für seine Zwecke ausgewählt und geistig verbildet hatte.«[101] Für die im kaiserlichen Obrigkeitsstaat sozialisierten Juristen galt, dass sie mit am stärksten vom feudalen Assimilationsprozess erfasst worden waren und nach der von oben hergestellten Reichseinigung (1871) als absolut zuverlässige und gefügige Diener bzw. konservative Stützen der herrschenden konservativen Bürokratie fungierten. Sie hatten die vorherrschende »Autoritätslehre« (der Historiker Friedrich Meinecke spricht in diesem Zusammenhang von der »harten Herrennatur«[102]), die die juristisch allerdings nicht zu fassende Unterscheidung von »guter« und »schlechter« Gesinnung beinhaltete (als »gut« gilt, wer die staatlichen Autoritäten anerkennt; »schlecht« ist dagegen, wer sich gegen diese auflehnt) verinnerlicht und urteilten nach dieser. Der Habitus des Richters bestand folglich aus der Übernahme einer autoritären Gesellschaftsstruktur in die Persönlichkeitsstruktur, der bedingungslosen Identifikation mit dem vorherrschenden Staat und der Illusion einer vermeintlich richterlichen Unabhängigkeit bzw. »Überparteilichkeit«. Die Fiktion vom überparteilichen Charakter der Justiz und das daraus abgeleitete Postulat »richterlicher Unabhängigkeit« verdeckten auch in der Weimarer Republik »die Tatsache, dass die Beamten und gerade auch die Juristen in ihrem Verhalten, ihrer Tätigkeit, in ihren Entscheidungen doch wesentlich abhängig sind von politischen Einflüssen und sozialer Herkunft; aber gerade an der Einstellung auf die Gesellschafts- und Staatsidee der Demokratie hat es einem großen Teil der Juristen in der Weimarer Republik gemangelt.«[103] Die als »orthodoxe Verteidiger des

101 Erich Kuttner, Warum versagt die Justiz?, Berlin 1921, S. 17.

102 Friedrich Meinecke, Die deutsche Katastrophe, Wiesbaden 1955 (5. Auflage), S. 39.

103 Karl Dietrich Bracher, Einleitung, in: Hannover/Hannover-Drück, Politische Justiz, S. 10.

kaiserlichen Obrigkeitsstaates sozialisierten Richter und Staatsanwälte«[104] verstanden auch in der Weimarer Republik ihre Rechtsprechung gemäß ihres Habitus' als überparteilich und unterlagen damit der Fiktion vom unpolitischen Charakter der Justiz, die ja gerade in vor- und undemokratischen Staats- und Gesellschaftsformen als eine (vermeintlich) eigenständige politische Gewalt angesehen werden muss.

In seiner Studie über die »Politische Justiz« (mit dem bezeichnenden Untertitel: »Verwendung juristischer Verfahrensmöglichkeiten zu politischen Zwecken«) sah Otto Kirchheimer gerade im Weimarer Richter das Beispiel für eine regimefeindliche Haltung. Von Anfang an war die Richterschaft nicht gewillt, die mit der Novemberrevolution verbundene Machtverschiebung hinzunehmen; von Anfang an wirkte sie aktiv auf eine Veränderung der politischen Verhältnisse nach rechts hin: »Im Rahmen einer zunächst labil anmutenden Machtstruktur machte sich der Justizapparat daran, die Rechtsbrüche und schwerwiegenden Gesetzesübertretungen von Menschen, denen patriotische Ziele zugebilligt wurden, als achtbar und schutzwürdig erscheinen zu lassen; das geschah – wenigstens in der Anfangszeit – gegen den Willen der neuen Machthaber, bisweilen in offener Kampfstellung gegen sie. Als ›patriotisch‹, ›vaterländisch‹, ›national‹ galt in dieser Sicht alles, was darauf gerichtet war, die an der Niederlage von 1918 angeblich Schuldigen ihre Schuld büßen zu lassen, die Folgewirkungen der Niederlage aus der Welt zu schaffen und eine starke Staatsautorität zu errichten. Die herzliche Zuneigung zu dieser Art ›Patriotismus‹ brachte die Richter in die geistige Nähe der politischen Rechten, zum Teil der äußersten Rechten.«[105]

Vaterländische Gesinnung war damit wichtiger als die Treue zur Verfassung, völkische Akzentuierungen und Vergemeinschaftungskonzepte (»Volksgemeinschaft«) wurden als Ausdruck nationaler Haltung nicht als demokratiefeindlich betrachtet und bewertet. Der Vorsitzende des Deutschen Richterbundes, Johannes Leeb, etwa sah 1921 in den de-

---

104 Wehler, Deutsche Gesellschaftsgeschichte, Bd. 4: Vom Beginn des ersten Weltkriegs, S. 412.

105 Otto Kirchheimer, Politische Justiz. Verwendung juristischer Verfahrensmöglichkeiten zu politischen Zwecken, Frankfurt a. M. 1981, S. 315.

mokratischen Gesetzen der Republik »Lügengeist«, »Partei-, Klassen-, Bastardrecht«.[106] Die Zuneigung zu dieser Art von ›Patriotismus‹ führte die »wohlwollende(n) Schirmherren der sog. vaterländischen Kräfte« (Kirchheimer) dazu, in der Anfangsphase der Republik die Straftaten von rechts, die sich gegen den neuen Staat richteten, praktisch genauso wenig zur Kenntnis zu nehmen wie die offenen Vorbereitungen zur Sprengung des republikanisch-demokratischen Regierungssystems: »Wurden die Täter in flagranti erwischt, so ließen sie die Gerichte laufen oder mit lächerlich geringen Strafen davonkommen; sie bewilligten ihnen Pensionen; sie verwischten die Spuren der Mörder von rechts; sie wuschen sie rein.«[107] Dass die politische Haltung bzw. Staatsauffassung der Beamten wie Richter in der Weimarer Republik auf vordemokratische Werte hin ausgerichtet und sich der »Richterstand« nach unten bewusst gesellschaftlich abgrenzte, begründet die in den zahlreichen politischen Prozessen zutage tretende »Blindheit auf dem rechten Auge« sozialstrukturell. Alfred Orgler, Mitglied des kleinen Republikanischen Richterbunds,[108] schrieb im Juni 1922: »Selten wird deshalb die Tatsache richtig gewürdigt, dass in Preußen die Richter zu drei Vierteln, die in gehobenen und Präsidentenstellen befindlichen sogar zu neun Zehnteln den die Weimarer Verfassung verneinenden Parteirichtungen angehören und somit den stärksten und gefährlichsten Hort der Reaktion bilden. Drei Jahre republikanischer Regierungsform haben nicht im geringsten Wandel geschaffen.«[109]

106 Zitiert nach Ingo Müller, Furchtbare Juristen. Die unbewältigte Vergangenheit unserer Justiz, München 1989, S. 19.

107 Kirchheimer, Politische Justiz, S. 319.

108 Der Republikanische Richterbund wurde Anfang 1922 gegründet. Er verstand sich als demokratisches Gegengewicht gegenüber den bestehenden Standesverbänden und umfasste etwa 400 bis 500 Richter und Staatsanwälte – gegenüber den 12.000 im Deutschen Richterbund organisierten Richtern eine Minderheit. Vgl. Birger Schulz, Der Republikanische Richterbund (1921-1933) Frankfurt a.M./Bern 1982, S. 41 f.

109 Alfred Orgler, Berliner Tageblatt vom 10.6.1922, zit. n. Johann Heinrich Lüth/Uwe Wesel, Arnold Freymuth (1878-1933), Hermann Großmann (1878-1937?), Alfred Orgler (1876-1943?). Drei Richter für die Republik, in: Streitbare Juristen. Eine andere Tradition, Baden-Baden 1988, S. 204-217, hier S. 206, FN 8.

In seiner 1927 geschriebenen Abhandlung »Zur Soziologie der Klassenjustiz« hob Ernst Fraenkel hervor, dass auf dem Gebiet der Rechtsprechung die Klassenherrschaft nur deshalb besonders deutlich zutage trete, »weil die Justiz selbst sich mit dem Nimbus umgibt und umgeben muss, dass sie über den Klassen schwebe, zu einer vorurteilslosen, objektiven Rechtsprechung in der Lage sei.« Und mit explizitem Bezug zu Marx hob Fraenkel hervor: »Innerhalb einer klassengespalteten Gesellschaft kann eine einseitig aus einer Klasse hervorgehende Richterschaft überhaupt – ob sie will oder nicht – gar keine über den Klassen schwebende Rechtsprechung vornehmen. (…) Ein Staat, dessen Lebensnerv die Aufrechterhaltung der Klassenherrschaft ist, stellt auch die Justiz in den Dienst dieser Aufgabe.«[110] Fraenkel schlug daher vor, den Spielraum richterlicher Tätigkeit einzugrenzen und die Macht der Legislative zu erweitern (bei der Gesetzgebung sah er größere Möglichkeiten einer Einflussnahme durch die Arbeiterbewegung) und so den Einfluss der anti-republikanischen Justiz zu beschränken. Dass diese in der Weimarer Republik gleichsam ungebremst war, war für den Sozialdemokraten selbstverständlich. Nun sind, so ließe sich verallgemeinern, Rechtsordnungen grundsätzlich niemals politisch »neutral«; sie können nicht aus sich selbst heraus verstanden werden, sondern sind Produkt wie Gegenstand sozialer Interessen, Gegensätze und Kämpfe. Erst recht trifft dies auf die Auslegung und Anwendung ihrer Normen durch die Staatsorgane, die Justiz, zu, die sie in der Praxis durchzusetzen haben. Die soziale Herkunft wie die spezifischen sozialen Prägungen der Angehörigen der Justiz – vor allen Dingen der Richter und Staatsanwälte – gewinnen dabei, wie Wolfgang Abendroth einmal formulierte, »unvermeidlich erheblich Einfluss auf das Rechtssystem selbst, weil diese Schicht bei der Anwendung des Rechtsnormensystems unvermeidlich durch ihre Auslegung der Gesetze ihre eigene Denkweise zur Geltung bringt.«[111]

110 Ernst Fraenkel, Zur Soziologie der Klassenjustiz, in: Ders., Zur Soziologie der Klassenjustiz und Aufsätze zur Verfassungskrise 1931-32, Darmstadt 1969, S. 10f. (das Original erschien 1927), S. 1- 41, hier S. 37.

111 Wolfgang Abendroth, Die Justiz in der Bundesrepublik, in: VDJ-Forum, Sonderheft 1 (1986), in Gedenken an Wolfgang Abendroth: Ausgewählte Aufsätze, Neuss 1986, S. 131-136, hier S. 132.

Nahezu zeitgleich nahm auch Gumbel noch einmal zur politischen Justiz Stellung. »Gesetze«, so formulierte er 1929 in seiner umfangreichsten Darstellung »Verräter verfallen der Feme!«, die er zusammen mit seinem langjährigen Weggefährten Berthold Jacob publizierte, seien »zeitbedingte Ergebnisse der jeweiligen Herrschaftsverhältnisse, und ihr Zweck ist, diese zu sichern. Damit steht nicht in Widerspruch, dass die Gesetze auch die allgemeine Funktion des Schutzes der Gesellschaft erfüllen. Ebenso wenig steht damit in Widerspruch, dass man nicht jeden einzelnen Gesetzesparagraphen als Derivat der Herrschaftsverhältnisse, unter denen er entstanden ist, erklären kann. (…) Nun ändert sich die soziale Grundlage der Herrschaftsverhältnisse manchmal rascher, als man die Gesetze ändern kann. In diesen Fällen müssen sie in einer den Interessen der jeweilig herrschenden Schicht entsprechenden Weise ›sinngemäß‹ gedeutet werden.« Da die Revolution den Staat nicht nach altpreußischen Prinzipien restlos für sich in Anspruch genommen habe, könnten sich die Behördenspitzen formell auf den »schwankenden Boden der gegebenen Tatsachen« stellen. Republikaner wie Sozialisten seien für diese aber nach wie vor Feinde des Vaterlandes. Gumbels Fazit: »Solche psychischen Wirkungen bestimmter Machtverhältnisse hören nicht (…) automatisch auf. Noch lange wirken sie nach. Die Konterrevolution kann nur den Monarchisten Staatstreue zubilligen (…), die Gesamtheit der politischen Hintergründe eines (…) Verbrechens dürfen nicht aufgedeckt werden.«[112]

Schon 1966 formulierten Heinrich und Elisabeth Hannover, dass Gumbel »der größte Verdienst um die Aufklärung der Öffentlichkeit über das Versagen der Justiz der Weimarer Republik« zukomme.[113] Seine Denkschrift gilt als eines der erschreckendsten Dokumente einer Klassenjustiz, die, wie Gumbel selbst mit Sarkasmus feststellte, noch nicht einmal den Versuch unternahm, ihren Klassencharakter zu beschönigen.[114]

112 Ernst Julius Gumbel, »Verräter verfallen der Feme!« Opfer/Mörder/Richter (unter Mitwirkung von Berthold Jacob und Ernst Falck), Berlin 1929, S. 28f.

113 Hannover/Hannover-Drück, Politische Justiz, S. 18.

114 Vgl. Gumbel, Vier Jahre politischer Mord, S. 179. Vgl. auch Karin Buselmeier, Vorwort zur Neuausgabe, in: Emil Julius Gumbel, Verschwörer. Zur Geschichte und Soziologie der deutschen nationalistischen Geheimbünde 1918-1924,

Kapitel IV

»Verschwörer«, »Verräter«, »Feme-Mörder«: Blicke auf die innenpolitische Front (1924-1929)

Seit er »Vier Jahre politischer Mord« veröffentlicht hatte, arbeitete Gumbel an einer Systematisierung der von ihm dargestellten Verbrechen. Dabei beobachtet er einen stetig anwachsenden Organisationsgrad des Mordens, der vom unorganisierten, wahllosen (im Zeichen von »Ruhe und Ordnung« werden denunzierte Republikaner und Sozialisten liquidiert) über den halborganisierten Mord (mit bewusster Auswahl der Opfer – meist anhand zuvor zusammengestellter »Schwarzer Listen«) bis zum hochorganisierten Mord reiche.[115] Aus der Rückschau des Jahres 1929 und einer intensiveren Beschäftigung mit den Geheimbünden sollte Gumbel dem Organisationsgrad des Mordes entsprechende soziale Organisationsformen zuordnen: Aus den Freikorps erwuchsen nach ihrer Auflösung die Wehrverbände, aus diesen die konspirativ-verschwörerisch (und in der Regel illegalen) Geheimbünde.[116] Diese Entwicklungen begründet er mit den unterschiedlichen Entwicklungsphasen der Weimarer Republik.

Der Sturz der Monarchie durch die Novemberrevolutionäre brachte zunächst den unorganisierten Racheakt hervor (1918/19). Dabei

---

Heidelberg 1979 bzw. Frankfurt a. M. 1984 (2. Auflage), S. 7-31, hier S. 14.

115 Gumbel, Vier Jahre politischer Mord, S. 125f. Vgl. hierzu auch Lersch, Politische Gewalt, S. 122.

116 Gumbel, »Verräter verfallen der Feme!«, S. 27.

wuchs aus der vor allem auf Seiten der Linken wahrgenommenen Diskrepanz von republikanischer Staatsform und kapitalistischen Produktionsverhältnissen ein Spannungsverhältnis, das die politischen Machthaber zugunsten von Ruhe und Ordnung (und damit zur Aufrechterhaltung der bürgerlich-kapitalistischen Ordnung) aufzulösen versuchten. Hierzu stützten sie sich auf vermeintlich »unpolitische« Offiziere und ihre wurzellose, demobilisierte Soldaten, zusammengefasst in den zahlreichen Freikorps und Zeitfreiwilligenverbänden, aus denen die »Mordgesellschaft« erwuchs.[117] Die Ursache der politischen Morde sah Gumbel im »Schutzbedürfnis des Großkapitals, dessen Herrschaft während kurzer Zeit aussetze und auf längere Zeit erschüttert schien. Die psychischen Voraussetzungen für die Anwendung dieser politischen Waffe lieferten Krieg und Inflation; die Garantier dafür, dass die Methode gefahrlos angewandt werden konnte, bot die deutsche Justiz.«[118]

In der zweiten Phase (1920-1923) dominieren die Wehrverbände. Ihre soziale Struktur war vielfältig und variabel, halblegal und illegal. Vom scheinbar harmlosen Sportverein über den Wanderklub und den Schützenverein ging ein stetiger Übergang bis zu den Verbänden, die von der legalen Reichswehr kaum mehr zu unterscheiden waren. Ihr Ziel bestand nicht mehr in der Abwehr revolutionär-sozialistischer Bestrebungen und des Ausbaus der Demokratie, sondern in der Vorbereitung des putschistischen Umsturzes und der Errichtung einer Diktatur.[119]

Eine neue, dritte Periode begann mit dem Zeitpunkt, an dem die Herrschaft des Großkapitals gesichert schien. Nun verlagern sich die Morde ins ausschließlich militärische Milieu der sog. »Schwarzen Reichswehr«.[120] Unter dieser versteht Gumbel »jede militärisch formierte Organisation, die mit der Reichswehr durch Ausbildung, Mu-

---

117 Ebenda, S. 25.

118 Ebenda, S. 23.

119 Vgl. ebenda, S. 27.

120 Vgl. Bernhard Sauer, Schwarze Reichswehr und Fememorde. Eine Milieustudie zum Rechtsradikalismus in der Weimarer Republik, Berlin 2004.

nitionsbeschaffung, Unterbringung oder Finanzierung oder anderswie in Zusammenhang steht, gleichgültig, ob es sich um Parallelformationen oder unabhängige Einheiten handelt und gleichgültig, ob es sich um eine nur kadermäßig festgelegte Truppe, die im wesentlichen nur Befehlseinheiten und Stäbe umfasst, oder um wirkliche Truppen handelt. Von einer Schwarzen Reichswehr kann man somit erst von dem Zeitpunkt an sprechen, als die letzten legalen Bürgerwehren, Heimatwehren, Selbstschutzverbände, Freikorps usw. aufgelöst bzw. in die legale Reichswehr aufgenommen worden waren und diese ein fest gefügtes, abgeschlossenes Ganzes darstellte.«[121] Der politische Inhalt bzw. die Funktion der »Schwarzen Reichswehr« besteht in der dauerhaften Existenz einer konspirativen Schattenarmee, die, als »gut ausgerüstete Kapitalsgarde« bereitsteht, um auch in ökonomischen Krisenzeiten die Verwertungsbedingungen des Kapitals zu sichern oder gar zu verbessern. Das von der Deutschen Liga für Menschenrechte unter Mitarbeit von Gumbel herausgegebene »Weißbuch über die Schwarze Reichswehr« benennt diese Funktion des »Kampfinstruments gegen den ›inneren Feind‹« präzise: »Die unbewaffnete Arbeiterschaft hat in dem Kampf, den sie um ihre Rechte, ihre Löhne und um ihre wirtschaftliche Besserstellung (…) zu führen haben wird, in der SR. [Schwarzen Reichswehr, D. H.] ihren gefährlichen Gegner zu sehen und zu bekämpfen. Der durch die SR. ausgeübte Terror und ihre stete Bereitwilligkeit zur Streikabwehr macht jede gewerkschaftliche Kampfaktion der Arbeitnehmer von vorneherein aussichtslos.«[122] Die im Schoß der »Schwarzen Reichswehr«, intim mit den Geheimbünden verbunden,[123] entstehende »Feme«, für Gumbel die »höchste Form des organisierten politischen Mordes«,[124] dient dabei der dauerhaften Implementierung der halbstaatlichen Bürgerkriegsarmee.

---

121 Gumbel, »Verräter verfallen der Feme!«, S. 213.

122 Deutsche Liga für Menschenrechte (Hrsg.), Weißbuch über die Schwarze Reichswehr, Berlin 1925, S. 30.

123 So die Formulierung von Gumbel, Verschwörer, S. 139.

124 Gumbel, »Verräter verfallen der Feme!«, S. 17.

Gumbels Publikationen spiegeln diese Chronologie wider: Nahezu zeitgleich mit der Publikation der Denkschrift des Reichsjustizministers (1924) stach Gumbel mit einem weiteren Buch ins Wespennest des sich formierenden deutschen Rechtsradikalismus: einer Studie zu den nationalistischen Geheimbünden und Freikorps mit dem bezeichnenden Titel »Verschwörer«.[125] An diese schloss sich die umfangreiche Arbeit über die Fememörder an, aus der in diesem Abschnitt bereits mehrfach zitiert wurde.

Die im Malik-Verlag erschienene und von der Liga für Menschenrechte in großer Aufmachung beworbene Studie über die »deutschen nationalistischen Geheimbünde der Jahre 1918-1924«, so der Untertitel von »Verschwörer, erlangte einen hohen Bekanntheitsgrad. Nicht zuletzt auch bei den von ihm aufgezählten Gegnern von Demokratie und republikanischer Staatsform.

Diese bildeten ein kaum überschaubares Netzwerk, das Parteien, Bünde, halb- und illegale Kampf- wie Wehrverbände, Gruppen und Organisationen sowie Rechtsintellektuelle in und außerhalb der Hochschulen zu einer Einheit von Stiefel und Schlips und damit zur aggressiv-militanten antidemokratischen Symbiose von Wort und Tat verband. Es zeichnete sich durch eine hohe und permanente Fluktuation seiner Mitglieder aus: »Wer heute bei Ehrhardt, bei ›Oberland‹ oder ›Reichsflagge‹ war, war morgen in der Hitler-Partei, als sie sich zum Kern der nationalen Erhebung zu entwickeln schien, um dann etwa über den Jungdeutschen Orden zum ›Stahlhelm‹ weiterzuwandern.«[126] Diese Fluktuation, Ausdruck einer ideologisch nicht vorhandenen Abgrenzung (der 2014 verstorbene Sozialhistoriker Hans-Ulrich Wehler spricht zu Recht von einem »wüste(n) Konglomerat«[127]), schlug sich in gleichzeitigen Mehrfachmitgliedschaften wie etwa im Deutschvölkischen Schutz- und Trutzbund, im Bund Wiking, in der SA sowie weiteren diversen bündischen Organisationen nieder,

---

125 Vgl. Gumbel, Verschwörer.

126 Klaus Hornung, Der Jungdeutsche Orden, Düsseldorf 1958, S. 51.

127 Hans-Ulrich Wehler, Nationalismus. Geschichte – Formen – Folgen, München 2001, S. 85.

aber auch in wechselnden parteipolitischen Orientierungen und ideologischen Strömungen: »Wer sich 1922 zu den ›Völkischen‹ gezählt hatte, konnte sich 1927 als Anhänger der ›Konservativen Revolution‹ bezeichnen und 1930 zum »Neuen Nationalismus« rechnen, ohne die eigenen Positionen wesentlich geändert zu haben.«[128] Der Historiker Ulrich Herbert hat dieses Netzwerk wie folgt charakterisiert: »Das ›nationale Lager‹, wie es fortan häufig genannt wurde, war kein festgefügter politischer Block, sondern eher ein Milieu, ein fiebriger Dauerzustand aus Kundgebungen und Geheimtreffen, Verbandsneugründungen und -auflösungen, gekennzeichnet eher durch Stimmungen und Personen als durch Programme und Parteien. (…) In dieser halböffentlichen Struktur der Clubs und informellen Vereine trafen die Spitzen der vaterländischen Verbände, der völkischen Zirkel, der studentischen Korporationen und Bünde auf die rechtsradikalen Intellektuellen im Umkreis von Arthur Moeller van den Bruck, Ernst Jünger oder Martin Spahn und ebenso auf die führenden Vertreter der Reichswehr (…).« Dass gerade die akademische Jugend, mit der es Gumbel ab Mitte der 20er Jahre permanent zu tun haben sollte, sich zum weit überwiegenden Teil schon in den ersten Jahren in »radikale Frontstellung gegen die Republik begeben hatte«, bezeichnet er folglich als »eine der auf lange Sicht schwerwiegendsten Hypotheken der Ersten Republik.«[129]

Gumbel war *der* zeitgenössische Kenner dieser innenpolitischen Front – vor allem im Hinblick auf deren illegal-geheimbündlerisch wirkenden Teile. Wer wissen will, wer wie an der Zerstörung der Weimarer Republik beteiligt war – bei Gumbel wird man fündig.

Sein Werk zeige, so Arnold Freymuth, einer der wenigen republikanischen Richter, der das Vorwort zur Gumbelschen Studie beisteuerte, »mit erschütternder Klarheit, was dem kritischen Auge ohnehin längst deutlich war: Unter dem Vorwande der Reichstreue, des

128 Ulrich Herbert, »Generation der Sachlichkeit«. Die völkische Studentenbewegung der frühen zwanziger Jahre, in: Ders., Arbeit, Volkstum, Weltanschauung. Über Fremde und Deutsche im 20. Jahrhundert, Frankfurt a. M. 1995, S. 31-58, hier S. 44.

129 Vgl. Ulrich Herbert, Geschichte Deutschlands im 20. Jahrhundert, S. 270 f.

›nationalen‹, des ›völkischen‹ Gedankens erblickten weite Kreise des deutschen Volks ihre Aufgabe darin, den bittersten, durch keinerlei innere Skrupel eingeschränkten Kampf gegen die Weimarer Verfassung, den ›Marxismus‹, die ›Judenrepublik‹ und wie die Schlagworte alle lauten, zu führen.«[130]

Ihr Gegner zu sein, sollte für Gumbel zum Verhängnis werden.

130 Arnold Freymuth, Vorwort, in: Emil Julius Gumbel, Verschwörer, S. 32-35, hier S. 32. Gegen Freymuth wurde Mitte der zwanziger Jahre auf Veranlassung von Reichswehrminister Otto Geßler ein Verfahren eingeleitet. Daraufhin ging der kritische Jurist in den Ruhestand. Freymuth war seit 1923 Mitglied des Republikanischen Richterbundes und zwischen 1924 und 1926 Mitglied im Bundesvorstand der Deutschen Liga für Menschenrechte, 1924/25 Mitglied der Geschäftsleitung der Deutschen Friedensgesellschaft und zwischen 1930 und 1933 Vorsitzender des deutschen Friedensbundes. Nach dem Beginn der nationalsozialistischen Herrschaft ging Freymuth ins Exil; zunächst in die Schweiz, dann nach Frankreich, wo er sich 1933 zusammen mit seiner Frau das Leben nahm.

Kapitel V

»Lasst Köpfe rollen«: Gumbel und der Faschismus (1924-1931)

Mit der 1924 einsetzenden Phase einer politischen und ökonomischen Stabilisierung und der damit kurzfristig sinkenden Bedeutung der putschistischen Wehrverbände und Bünde sah Gumbel gestiegene Möglichkeiten, den militanten Präfaschismus zu bekämpfen. Dass der Chef der Heeresleitung, Generalmajor Hans von Seeckt, dem es zuvor gelungen war, die politische Kontrolle des Militärs sukzessive auszuschalten, im Oktober 1926 zurücktreten musste, und die Sozialdemokraten immer lauter die illegalen Aktivitäten der Reichswehr anprangerten, deutete er positiv. Bei einem 1927 veröffentlichten Aufsatz schwingt daher ein vorsichtig-optimistischer Unterton mit, habe doch die Stabilisierung des Kapitalismus diesen Verbänden sukzessive den Nachwuchs geraubt: »Der Aufstieg aus dem moralischen Morast der Inflation und des Versagens aller wirtschaftlichen Funktionen ist ohne eine Spur völkischen, nationalen oder faschistischen Gedankens vor sich gegangen und hat somit die Dogmen der Wehrverbände widerlegt.«[131]

Allerdings unterschätzte Gumbel keineswegs die Gefahren des militanten Rechtsextremismus, der in ökonomischen Krisenzeiten, »wenn der jetzige Siegeszug des Kapitalismus zum Stocken kommt und wenn die Demokratie nicht mehr zum Schutz der herrschenden

131 Emil Julius Gumbel, Stahlhelmaufmarsch. Sympathie für die Republik, zitiert nach Christian Jansen, Professoren und Politik. Politisches Denken und Handeln der Heidelberger Hochschullehrer 1914-1935, Göttingen 1992, S. 214.

Klasse genügt«[132] gleichsam wie Phönix aus der Asche wiederaufzustehen drohe. So jedenfalls lautete seine an die Arbeiterschaft gerichtete Warnung am Ende von »Verräter verfallen der Feme!«, die sich unmittelbar nach Drucklegung des Buches mit dem Ausbruch der Weltwirtschaftskrise (25. Oktober 1929) bewahrheiten sollte.

1931 setzte Gumbel seine früheren Dokumentationen politischer Mord fort. Mit der Flugschrift »Lasst Köpfe rollen. Faschistische Morde 1924-1931« (Der Titel war eine Anspielung auf den Ulmer Reichswehrprozess[133]), die in einer Auflage von 15.000 Stück seitens der Deutschen Liga für Menschenrechte verbreitet wurde und die den Anstieg der verzeichneten Morde mit dem Anwachsen der NS-Bewegung in Beziehung setzte, zog er sich erneut den wütenden Hass der Nationalsozialisten bzw. der nationalistischen Rechten zu. In dieser »klarsichtigen Einschätzung des Gewaltcharakters der nationalsozialistischen Bewegung«[134] hieß es: »Die Nationalisten von heute tragen nur zum Teil andere Schilde als die Mörder von damals trugen. Die einzelnen rechtsradikalen Verbände (...) können nicht streng voneinander geschieden werden. Die Mitgliedschaft fluktuiert (...).«[135] Und über die Brutalität der »Kapitalschutzgarde« (Gumbel) hieß es am Ende der Flugschrift nahezu prophetisch: »In diesen Bluttaten offenbart der Faschismus sein wahres Gesicht. Er zeigt dem deutschen Volk die Methoden, deren er sich bedienen wird, wenn er zur Macht kommen sollte.«[136]

---

132 Gumbel, »Verräter verfallen der Feme!«, S. 383.

133 Im sog. Ulmer Reichswehrprozess wurde Soldaten der Reichswehr vorgeworfen, zusammen mit der NSDAP den Hochverrat vorbereitet zu haben. Hitler legte als Zeuge den sog. Legalitätseid ab. Unmissverständlich kündigte er dabei an: »Wenn die Bewegung in ihrem legalen Kampf siegt, wird ein deutscher Staatsgerichtshof kommen, und der November von 1918 wird seine Sühne finden, und es werden auch Köpfe rollen«.

134 Hannover/Hannover-Drück, Politische Justiz, S. 19.

135 Emil Julius Gumbel, »Lasst Köpfe rollen«. Faschistische Morde 1924-1931. Im Auftrage der deutschen Liga für Menschenrechte, Berlin 1932, zitiert nach Emil Julius Gumbel: Auf der Suche nach Wahrheit. Ausgewählte Schriften, versehen mit einem Essay von Annette Vogt, Berlin 1991, S. 50.

136 Vgl. ebenda, S. 80.

Das 1962 aus der Rückschau von Gumbel publizierte Buch »Vom Fememord zur Reichskanzlei« thematisiert nur auf wenigen Seiten das Ende Weimars: »Die deutsche Form des Auswegs aus der Krise war der Faschismus. Die Weimarer Republik, geboren aus der Niederlage und entmannt durch die Inflation, starb an der Massenarbeitslosigkeit.«[137] Gumbel beschrieb zwar den entstehenden Nationalsozialismus bzw. dessen Partei als Teil des breiten rechten Randes und der völkisch-konspirativen Bewegung (treffend seine Hinweise zu Programmatik, Ideologie, sozialer Basis und Finanzquellen) bis zum Hitler-Ludendorff-Putsch;[138] den (scheinlegalen) Aufstieg der NSDAP zur Massenpartei und die Zerstörung der Republik seit Beginn der 30er Jahre analysierte er indes kaum.

Allerdings reflektierte er unmittelbar nach seiner Flucht ins Exil die Ursachen der »ungeheuren Niederlage der Arbeiterbewegung«. Um den Übergang in die Barbarei zu verstehen und die Naziherrschaft wirksam zu bekämpfen, müssten, so Gumbel, die richtigen Fragen gestellt werden. Fragen wie:

- »Warum hat es der Teil der sozialistischen Bewegung, für den Sozialismus nicht mit bürgerlichem Fortschritt identisch ist, nicht vermocht, die Alltagssorgen zum Ausgangspunkt prinzipieller Entscheidungen zu machen?
- Warum hat die antikapitalistische Sehnsucht der Massen sich gegen den Sozialismus gekehrt?
- Warum lief die Jugend in hellen Haufen von uns fort ins Lager der Feinde?
- Warum gelang es den Faschisten, den Klassenhass des Kleinbürgers gegen den Arbeiter und seine Furcht zum Hebel eines ungeheuren Siegs zu machen, während wir das Klassenbewusstsein des Arbeiters und Angestellten, der überwiegenden Mehrheit des Volkes, nicht mobilisieren konnten?

---

137 Emil Julius Gumbel, Vom Fememord zur Reichskanzlei, Heidelberg 1962, S. 79.

138 Vgl. Gumbel, Verschwörer, S. 224-259.

- Wir knüpften an den spezifischen Charakter des Menschen an, der im Gegensatz zum Tier seine Nahrung selbst produziert. Wie konnten die Faschisten dies erfolgreich als die Lehre des Untermenschen darstellen, sie, deren Theorie gerade die tierische Natur des Menschen als höchsten aller Werte setzt, und gerade diese Lehre zur Quelle für Begeisterung und Freude machen?
- Was nutzte die Verschraubung einer Theorie, die erlaubte, nachträglich alles zu prophezeien, die schließlich alles, was ist, für vernünftig erklärte, den kühnsten Anhängern gestattete, jede Niederlage in einen Sieg umzudichten!«[139]

Diese Fragen zielten ab auf die Entwicklung antifaschistischer Strategien[140] bzw. auf Überlegungen bezüglich einer höheren Wirksamkeit des Antifaschismus, wie sie etwa auch von den zeitgenössischen Theoretikern Wilhelm Reich, Erich Fromm oder August Thalheimer formuliert wurden. Sie bezogen sich auf die wachsende Zustimmung und die soziale Massenbasis des deutschen Faschismus bzw. – im Umkehrschluss: die schwindende Hegemoniefähigkeit der Arbeiterbewegung – vor 1933.[141] Auch für Reinhard Kühnl, der diese theoretischen Ansätze ausgiebig würdigte, besteht die politische Funktion des Faschismus darin, die Krise der bürgerlichen Gesellschaft zu »lösen«, ihre demokratische und sozialistische »Bedrohung« (durch die Arbeiterbewegung – im Westen: die Sozialdemokratie, im Osten: der Bolschewismus) auszuschalten und mit Hilfe einer neu zu schaffenden Massenbasis zu stabilisieren.[142] Neuartige Methoden der Mas-

139 Emil Julius Gumbel, Ein Jahr Exil, in Der Aufruf, Jg. IV, S. 17, zitiert nach Jansen, Emil Julius Gumbel, S. 270-272, hier S. 271.

140 Vgl. als Überblick Ulrich Schneider, Antifaschismus, Köln 2014, insbes. S. 13-51.

141 Vgl. hierzu Reinhard Kühnl, Faschismustheorien. Ein Leitfaden, Heilbronn 1990, S. 121 ff. Ebenfalls instruktiv: Wolfgang Abendroth (Hrsg.), Faschismus und Kapitalismus. Theorien über die sozialen Ursprünge und die Funktion des Faschismus, Frankfurt a. M. 1974.

142 Vgl. Reinhard Kühnl, Der Faschismus. Ursachen, Herrschaftsstruktur, Aktualität, Heilbronn 1983, insbes. S. 87 ff.

senpropaganda, die auf die spezifische Mentalität bestimmter Sozialschichten und deren veränderte sozio-ökonomischen Lage gerichtet waren, halfen die bürgerliche bzw. kleinbürgerliche Massenbasis zu gewinnen und zu sichern. Faschisten waren, wie es Eric Hobsbawm formulierte, »Revolutionäre der Konterrevolution: in ihrer Rhetorik; mit ihrer Anziehungskraft auf jene, die sich als Opfer der Gesellschaft empfanden; bei ihrem Ruf nach totaler Transformation der Gesellschaft. Sie übernahmen sogar ganz bewusst Symbole und Begriffe der Sozialrevolutionäre: Hitlers Nationalsozialistische Arbeiterpartei, die (modifizierte) rote Fahne und den »roten« Tag der Arbeit, der am 1. Mai 1933 sofort als Staatsfeiertag übernommen wurde.«[143]

Antworten auf die von Gumbel oben formulierten Fragen implizierten aber auch die kritische Überprüfung der eigenen (sozialdemokratischen) Politik und deren Anteil an der letztlich so verhängnisvollen Spaltung der Arbeiterbewegung: »Nicht durch den organisierten, vorbereiteten, gewollten revolutionären Kampf der Arbeiterklasse, sondern durch die Niederlage auf den Schlachtfeldern wurde das kaiserliche Regime beseitigt. Die Sozialdemokratie als einzig intakt gebliebene organisierte Macht übernahm ohne Widerstand die Staatsführung, die sie sich von vornherein mit den bürgerlichen Parteien, mit der alten Bürokratie, ja mit dem reorganisierten militärischen Apparat teilte. Dass sie den alten Staatsapparat fast unverändert übernahm, war der schwere historische Fehler, den die während des Krieges desorientierte deutsche Arbeiterbewegung beging.«[144] Die Zeilen hätten gewiss auch von Gumbel stammen können; sie entstammen aber dem von Rudolf Hilferding entworfenen »Manifest des Prager Exilvorstands der Sozialdemokratie (SoPaDe)«.

Dass sich Gumbel mit der Endphase der Weimarer Republik und dem Erstarken des deutschen Faschismus seit 1930 nur noch sporadisch auseinandersetzte, mag auch damit zusammenhängen, dass er sich seit Mitte der zwanziger Jahre permanent persönlicher Angriffe

143 Hobsbawm, Das Zeitalter der Extreme, S. 153.

144 Das »Prager Manifest« (1934), zitiert nach Wolfgang Abendroth, Aufstieg und Krise der deutschen Sozialdemokratie, Köln 1978 (4. Auflage), S. 130.

der Heidelberger Nationalsozialisten im Zusammenspiel mit Professorenschaft und Nazi-Studenten erwehren musste. Mit dem rasanten Aufstieg der NSDAP zur Massenpartei (bei der Reichstagswahl im September 1930 gewann die NSDAP fast 16% der Stimmen hinzu) nahmen die Angriffe des Rechtsradikalismus, die Gumbels wissenschaftliche Reputation untergruben und seine materielle Existenz bedrohten, zu. Aus Selbstschutz musste Gumbel sich immer mehr zurückhalten; die Zahl seiner publizierten Beiträge, häufig unter Pseudonym veröffentlicht, nahm signifikant ab. Seit dem Winter 1930/31 ließ er vieles von dem, was er geschrieben hatte, unveröffentlicht – das persönliche Risiko war offensichtlich zu groß geworden. Die Universität, im Selbstverständnis nach eine »Stätte freier wissenschaftlicher Geistesentfaltung« (Karl Jaspers/Kurt Rossmann),[145] war für Gumbel schon lange vor 1933 zum geistigen Gefängnis geworden. Errichtet hatten den Kerker die Studenten des Nationalsozialistischen Studentenbundes im Verein mit den studentischen Korporationen und – nur wenig zeitverzögert – den Professoren, die gegen die Besetzung ihrer Hochschule und die politischen Zumutungen des nationalistischen Common Sense nicht nur keinen Widerstand leisteten, sondern sogar bereitwilligst Hand an die Hochschule anlegten und statt Selbstbehauptung die Selbstenthauptung betrieben.

145 Karl Jaspers/Kurt Rossmann, Die Idee der Universität, Heidelberg 1961, S. 168.

Kapitel VI

National(sozialistisch)e Krawalle gegen Gumbel

Rufmord: Der Kampagne erster Teil (1924)[146]

Gumbel hatte, nachdem er sich 1922 am Institut für Sozial- und Staatswissenschaften der Universität Heidelberg mit der Arbeit »Theorie der statistischen Verteilungsfunktion« habilitiert hatte, seit 1923 an der Ruperto Carola eine Privatdozentur für Statistik inne (die Lehrerlaubnis erhielt er am 23.1.1923). Dass sich ein Mann, der Mitglied der USPD, zuvor an der Betriebsräteschule des ADGB tätig gewesen und zudem in pazifistischen Kreisen kein Unbekannter war (er hatte sich mit den o.a. Publikationen als Antimilitarist und Kritiker der Justiz einen Namen gemacht), in Heidelberg habilitieren konnte, spricht zunächst für die Liberalität der Universität zu Beginn der zwanziger Jahre,[147] an der Professoren wie Karl Jaspers, Gerhard Anschütz, Gustav

146 Gumbel war beileibe nicht der einzige, der bereits in der Weimarer Republik seitens der präfaschistischen Studenten drangsaliert wurde. Zu nennen sind ferner u.a. der Münchner Staatsrechtler Hans Nawiasky, der Theologe Günther Dehn, der Philosoph Theodor Lessing, der Leipziger Nationalökonom Gerhard Kessler, der Breslauer Jurist Ernst Cohn, der Veterinär-Mediziner Kurt Obitz sowie die Pädagogin Anna Siemsen. Vgl. hierzu Anselm Faust, Der Nationalsozialistische Studentenbund. Studenten und Nationalsozialismus in der Weimarer Republik Bd. 2, Düsseldorf 1973, S. 51-77.

147 Vgl. im folgenden Jansen, Professoren, S. 189 ff. Eines der zentralen Ergebnisse der von Jansen über die Professorenschaft der Heidelberger Univer-

Radbruch, Martin Dibelius, Emil Lederer oder Alfred Weber lehrten. Jürgen Kuczynski, der wohl produktivste (und unorthodoxeste) Historiker der DDR, studierte in dieser Zeit bei Gumbel, dem er den eigenen Worten zufolge »nach meinem Vater die meiste Kenntnis in der Kunst des Aufdeckens von betrügerischen Tricks der kapitalistischen Statistik« verdankte.[148]

Seine Veröffentlichung über die »Geheimbünde«, vor allem aber auch über die »Schwarze Reichswehr« – Gumbel war noch maßgeblich an dem 1925 publizierten »Weißbuch der Deutschen Liga für Menschenrechte« beteiligt[149] – sowie Vorträge, denen die Idee der Aussöhnung mit Frankreich zugrunde lag, sollten zu einem wachsenden nationalen Bekanntheitsgrad und damit wachsendem Hass seitens des nationalen Lagers führen. Gumbel wurde zudem auch wissenschaftlich immer stärker ausgegrenzt.[150]

So eskalierte im Sommer 1924 die Lage. Anlass für die erste »Gumbel-Affäre« war eine Versammlung der Deutschen Friedensgesellschaft in der Heidelberger Stadthalle am 26. Juli 1924 anlässlich des zehnten Jahrestags des Kriegsbeginns, die unter dem Motto »Nie wieder Krieg« stand. Bei dieser rief Gumbel in seinem Schlusswort dazu auf, »zwei Minuten im Schweigen der Toten des Weltkrieges zu gedenken, die – ich will nicht sagen – auf dem Felde der Unehre gefallen sind, aber doch auf grässliche Weise ums Leben kamen.«[151] Schon am nächsten Tag wurde von den rechtsnationalen Kreisen – vorweg

---

sität verfassten Studie besteht im Nachweis, dass gerade die Jahre 1924 bis 1929 für die Ruperto Carola »eher eine politische Restaurations- als eine Stabilisierungsphase« (S. 227) waren.

148 Zitiert nach Stefan Schöbel, Jürgen Kuczynski: »Die Erziehung des J. K. zum Kommunisten und Wissenschaftler«, in: Markus Bitterolf/Oliver Schlaudt/Stefan Schöbel (Hrsg.), Intellektuelle in Heidelberg 1910-1933. Ein Lesebuch, Heidelberg 2014, S. 151-164, hier S. 158.

149 Vgl. Deutsche Liga für Menschenrechte (Hrsg.), Weißbuch über die Schwarze Reichswehr, Berlin 1925 (Verfasser der Studie waren neben Gumbel Berthold Jacob, Paul Lange und Paul Freiherr von Schoenaich).

150 Vgl. Brenner, Emil J. Gumbel, S. 7.

151 Zitiert nach Jansen, Emil Julius Gumbel, S. 19. Vgl. auch die Wiedergabe des Zitats bei Zweig, Gumbel, Heidelberg, Republik, S. 318.

vom von nationalsozialistischen Studenten und den studentischen Korporationen dominierten Allgemeinen Studentenausschuss – eine Empörungskampagne initiiert, die in der Forderung nach Gumbels universitärem Rausschmiss gipfelte. Der Rektor der Universität, Erich Kallius, der bereits kurz zuvor wegen des Erscheinens von Gumbels Buch »Verschwörer« bei der Philosophischen Fakultät angefragt hatte, ob diese nicht hierzu Stellung beziehen wolle, schloss sich der Kampagne an und forderte von der Fakultät die Einleitung eines Untersuchungsverfahrens. Schon am 30. Juli wurde dieses gegen Gumbel eingeleitet und der Entzug der Lehrerlaubnis (venia legendi) beantragt. Der eingerichtete Untersuchungsausschuss kam zu einem einstimmig beschlossenen Bericht, in dem es hieß: »1. Die Äußerungen sind so gefallen. 2. Die Interpretation ist strittig. (…) Eine gewollte Kränkung der Toten oder Kriegsteilnehmer scheint nicht beabsichtigt gewesen zu sein, wohl aber nach der Überzeugung des Ausschusses eine Kränkung der Gesinnung, die im Kriegstod eine Ehre, nicht bloß ein Unglück sieht. (…) Der Untersuchungsausschuss steht unter dem unmittelbaren Eindruck der wesentliche Gemeinschaftsgefühle verletzenden Äußerungen Gumbels, hält es aber zur Gewinnung eines objektiv begründeten und für die Öffentlichkeit überzeugenden Endurteils (…) für erforderlich, diese Äußerung in den größeren Rahmen einer Würdigung der gesamten Persönlichkeit unter Heranziehung weiteren Materials einzuordnen.«[152] Die Fakultät radikalisierte allerdings diesen Bericht dahingehend, dass sie in ihrem Beschluss daran festhielt, dass die »inkriminierte Äußerung (…) alleine vollkommen aus(reiche), um eine Entziehung der Lehrberechtigung zu befürworten«.[153]

In der Folgezeit unternahmen Fakultät und Senat gegen Gumbel alles nur Erdenkliche, vor allem, als Äußerungen des Privatdozenten während einer von französischen Pazifisten organisierten Vortragsrei-

152 Zitiert nach Christian Jansen, Der »Fall Gumbel« und die Heidelberger Universität 1924-32, Heidelberg 1981 http://www.ub.uni-heidelberg.de/helios/fachinfo/www/math/txt/Gumbel/jansen.pdf, S. 12.

153 Zitiert nach Jansen, Der »Fall Gumbel«, S. 13.

se durch Frankreich bekannt wurden. Selbst vor dessen moralischer Diffamierung – Wolfgang Benz spricht zu Recht von einer regelrechten »Hinrichtung« – wurde nicht zurückgeschreckt.[154] Da sich indes keine formal-juristische Handhabe fand, Gumbel von der Universität zu entfernen, und der damalige badische Kultusminister Willy Hellpach (DDP) an Gumbel festhielt, die Universitätsgremien aber nach wie vor dessen Rauswurf betrieben, wurde seitens der Fakultät – wie bereits im Gutachten des Untersuchungsausschusses angeregt – ein Disziplinarausschuss eingerichtet, der ein Gutachten zu Gumbels Persönlichkeit erstellen sollte, das man dem Kultusministerium vorzulegen gedachte. Allerdings konnten sich die drei Mitglieder des Ausschusses, Karl Jaspers (DDP), Alexander zu Dohna (DVP) und Friedrich Baethgen (DNVP), nicht auf eine gemeinsame Stellungnahme einigen. Während Jaspers in seinem Sondervotum einen eher gemäßigteren Standpunkt vertrat, langten zu Dohna und Baethgen zu und offenbarten, worum es wirklich ging: Gerade das eben erschienene Buch »Verschwörer« widerspreche »nach Inhalt, Tendenz und äußerer Aufmachung allen Anforderungen, die an eine den Aufgaben und der Würde eines Hochschullehrers entsprechende Publikation zu stellen« seien. Vor allem gelte dies für die »anstößige Zeichnung des Umschlages«, der von John Heartfield gestaltet worden war.[155] Zum Hintergrund der auffälligen Gestaltung: Völkisch-nationalistische Kreise hatten ihre Büros einige Häuser neben der Buchhandlung des Malik-Verlages, der das Buch herausbrachte. Sie schütteten rote Farbe gegen deren Hauswand und Schaufenster. Die Buchhandlung klebte daraufhin die Aufschrift »Das einzige Argument der Verschwörer« neben die Schmierereien.[156] Die Ausführungen der national-konservativen Professoren verweisen auf die eigentlichen Motive der Kampagne, die der Schriftsteller Arnold Zweig, der an der Veranstaltung der

154 Vgl. Benz, Emil J. Gumbel, S. 170-176.

155 Zitiert nach Jansen, Professoren, S. 190.

156 Hinweise bei Eckhard Siepmann, Montage: John Heartfield. Vom Club DADA zur Arbeiter-Illustrierten Zeitung, hrsg. von Elefanten Press, Berlin 1992, S. 201.

Friedensgesellschaft teilgenommen hatte, in der Weltbühne nannte: Eigentlicher Grund der Verfolgung Gumbels seien dessen Publikationen, die, so Zweig, in den »Blutkeller der deutschen Reaktion«, der »geheiligten, gehätschelten Mörderreaktion« hineingeleuchtet hätten.[157]

Weil der Kultusminister nach wie vor zu Gumbel stand, gelangte die Fakultät, wenn auch widerwillig, im Mai 1925 zu dem Entschluss, die ganze Sache abzublasen. Gleichsam als Beweis ihrer nationalen Gesinnung, wurden seitens der Universität weite Passagen des Gumbel persönlich diffamierenden Gutachtens gedruckt und an die philosophischen, staatswissenschaftlichen und juristischen Fakultäten sowie an über einhundertzwanzig überwiegend rechts-nationale Zeitungen verschickt.[158] Gumbel, so war dort zu lesen, habe durch sein Verhalten »in allen Kreisen der Universität starken und berechtigten Anstoß erregt« und »durch seine bekannte Äußerung«, gemeint war die Anti-Kriegs-Rede vom Juli 1924, »die nationale Empfindung tief gekränkt« und »der Idee der nationalen Würde, die die Universität auch zu vertreten hat, ins Gesicht geschlagen.«[159]

Der Kern der hier sichtbar werdenden universitären Abneigung bestand in der – vorsichtig formuliert – Befremdlichkeit gegenüber einem die Republik verteidigenden, pazifistisch-sozial ausgerichteten Engagement, das mit dem Ruhebedürfnis der sich unpolitisch gerierenden,[160] damit aber gerade eminent politisch wirkenden Professorenschaft (die ja in diesem Fall gerade durch ihr publizistisches Wir-

157 Zweig, Gumbel, Heidelberg, Republik, S. 318.

158 Vgl. Jansen, Emil Julius Gumbel, S. 21 f.

159 Zitiert nach Faust, Der Nationalsozialistische Studentenbund Bd. 2, S. 39.

160 Zu diesem scheinbar unpolitischen, dafür aber umso politischeren Selbstverständnis vgl. den grundlegenden Aufsatz von Wolfgang Abendroth, Das Unpolitische als Wesensmerkmal der deutschen Universität, in: Universitätstage 1966. Nationalsozialismus und die deutsche Universität (Veröffentlichung der Freien Universität Berlin), Berlin 1966, S. 189-208. Abendroth zeigt in diesem Beitrag auf, dass und wie gerade das Syndrom der vermeintlich »unpolitischen« Wissenschaft in der Identifikation mit der Politik der antihumanen Barbarei endet.

ken selber in der Öffentlichkeit politisch agierte) in Konflikt geriet – und damit die Zerstörung der Demokratie tolerierte wenn nicht gar förderte.[161] Nebenbei: Nationalistische Hetztiraden rechtskonservativer Professoren gegen Demokratie und Republik (sowohl innerhalb als auch außerhalb der Universität) erregten in der Zunft keinerlei Anstoß.[162] So blieb, wie Wolfgang Abendroth schon früh bemerkte, die Universität samt ihrer Professoren, da ans Syndrom der unpolitischen Wissenschaft gebunden, in der demokratischen Republik von Weimar ein Fremdkörper.[163]

Ungebremst vom professoral-konservativen Habitus waren in ihren Aktionsformen die Studenten. In den Heidelberger Verbindungsperiodika wurde der Ruf nach der »Beseitigung« des verhassten Pazifisten immer lauter. Zusammen mit dem von ihnen dominierten

---

161 Gerade an dem Verhalten von Karl Jaspers zeigt sich die Ambivalenz des damaligen Verhaltens der liberalen Professorenschaft: In einem Antwortschreiben vom 23.7.1925 an Gumbel, der Jaspers zuvor seine schriftlich gefasste Beschwerde gegen den Beschluss der Philosophischen Fakultät zugesandt hatte, heißt es kurz und lapidar: Die mir von Ihnen übersandte Abschrift einer Beschwerde an das Ministerium habe ich gelesen. Die darin enthaltenen ausserordentlichen Beleidigungen der philos. Fakultät weise ich auf das entschiedenste zurück.« Gut ein Vierteljahrhundert später sollte Jaspers sich in einem Schreiben an Gumbel (16.1.1953) erneut äußern. Dort heißt es: »(...) erinnert mich an eine lang vergangenen Zeit, als wir beide zwar persönliche Gegner, aber in der Sache einig waren. Es handelte sich um die Freiheit der Lehre an der Universität. Bei der ersten Abstimmung war ich der einzige gegen die gesamte Fakultät. (...) Heute weiß ich viel mehr als damals, wie recht Sie mit Ihren Publikationen über die schwarze Reichswehr und anderes hatten.« Beide Schreiben Jaspers sind abgedruckt bei Karl Jaspers, Korrespondenzen. Politik – Universität, hrsg. von Carsten Dutt und Eike Wolgast, Göttingen 2016, S. 203.

162 Vgl. Heither/Schulze, Die Morde von Mechterstädt, S. 78-83. Dort wird am Beispiel des Marburger Juristen Ludwig Traeger aufgezeigt, wie massiv gerade die deutschen Staatsrechtler von Beginn an gegen die Demokratie agitierten. Zudem feierten 1922 Rektorat und etwa zwanzig Marburger Professoren zusammen mit Repräsentanten der illegalen Organisation Escherich und Vertretern des ebenfalls illegalen »Studentenkorps Marburg« einen Kommers und heroisierten auf diese Weise den offenen Rechtsbruch (vgl. ebenda, S. 321-324).

163 Vgl. Abendroth, Das Unpolitische als Wesensmerkmal, S. 202.

AStA kündigten die Heidelberger Korporationen den Boykott des universitären »Dies Academicus« für den Fall an, dass Gumbel an diesem teilnähme.[164] Rektor Hampe verhandelte daraufhin mit Gumbel, der schließlich auf die Teilnahme verzichtete. Zudem wurde auf Antrag des Heidelberger Hochschulrings Deutscher Art, der, wenn man so will, unter Federführung der schlagenden Korporationen gegründeten Vorläuferorganisation des NS-Studentenbundes,[165] folgender »Kuhhandel« angeboten: Die Studenten würden sich mit Gumbel abfinden, wenn dafür der Rechtsradikale Arnold Ruge wieder die Lehrberechtigung erhalte.[166]

Die Tübinger Dependance des Hochschulringes war es denn auch, die 1925 in Tübingen Ausschreitungen gegen Gumbel initiierte.[167] Die Arbeitsgemeinschaft Sozialistischer Akademiker (ASA), eine kleine Gruppierung sozialistisch und republikanisch orientierter Studenten an der dortigen Universität, hatte den Heidelberger Dozenten zu einem Vortrag eingeladen. Da der Rektor der Universität die Durchführung der Veranstaltung an der Universität verboten hatte (Begründung: Gumbel wirke auf die Studentenschaft »verletzend und aufreizend«), wurde seitens des ortsansässigen Gewerkschaftskartells mit dem »Hirschen« für den 2. Juli 1925 ein neuer Veranstaltungsort angemietet. Hiergegen machte nun der »Hochschulring Deutscher Art Tübingen« unter seinem Vorsitzenden Theodor Eschenburg (Mitglied der dortigen Burschenschaft Germania; Mitbegründer der bundesdeutschen Politikwissenschaft nach 1945) mobil. Per Plakat wandte er

164 Vgl. Giovannini, Zwischen Republik und Faschismus, S. 122 ff.

165 Vgl. hierzu Ulrich Herbert, »Generation der Sachlichkeit«. Die völkische Studentenbewegung der frühen zwanziger Jahre, in: Ders., Arbeit, Volkstum, Weltanschauung. Über Fremde und Deutsche im 20. Jahrhundert, Frankfurt a. M. 1995, S. 31-58; Dietrich Heither u. a., Blut und Paukboden. Eine Geschichte der Burschenschaften, Frankfurt a. M. 1997, S. 86 ff.

166 Vgl. Jansen, Der »Fall Gumbel«, S. 16.

167 Vgl. nachfolgend: Ralph Lange, Von der »Affäre Gumbel« zum »Fall Wilbrandt«: die ›Lustnauer Schlacht‹. Ein Beitrag zur politischen Kultur der Universität Tübingen in der Weimarer Republik, in: Bausteine zur Tübinger Universitätsgeschichte, Folge 9 (1999), S. 29-54.

sich »mit starker Entrüstung« gegen das Auftreten Gumbels, von dem »auf das Bestimmteste« erwartet wurde, von seinem Vortrag abzusehen. Es blieb nicht bei der »starken Entrüstung«. Kurt Schumacher, der spätere Parteivorsitzende der SPD (1946-1952), wies in seiner Rede vor dem württembergischen Landtag am 11. Juli 1925 darauf hin, dass eine Versammlung der Tübinger Korporationen vorab beschlossen hatte, die Gumbelsche Veranstaltung »zu stören, unmöglich zu machen und zu sprengen«. An diesem gezielten »Landfriedensbruch«, so Schumacher, hätten sich »alle die Verbindungen (korporativ) beteiligt (…), die irgend eine gesellschaftliche Rolle im Tübinger Studentenleben spielen.«

Wie beabsichtigt, so geschah es: Die Veranstaltung im Gasthof »Hirsch« konnte durch den Gewerkschaftsvorsitzenden Otto Koch aufgrund der studentischen Tumulte noch nicht einmal eröffnet werden, die sich anschließende Saalschlacht war offensichtlich gezielt geplant. Weil an eine Durchführung nicht mehr zu denken war, zogen die Veranstalter in das benachbarte Arbeiterdorf Lustnau, wo Gumbel mit seinem Vortrag in der »Krone« nach beruhigenden Worten von Koch und dem als Zuhörer anwesenden Prof. Robert Wilbrandt[168] vor gut einhundert Zuhörern nun endlich mit seinen Ausführungen beginnen konnte. Beenden konnte er sie nicht. Denn in der Zwischenzeit waren von Tübingen her etwa 400 Studenten nach einem regelrechten »Schlachtplan« angerückt. Die sog. »Gumbel-Schlacht« begann. Die ortsansässige Tübinger Chronik sprach am Tag danach von »Bürgerkrieg«; das Aufeinanderprallen von Studenten und Arbeiterbewegung in Lustnau war tatsächlich im Kern eine »Schlacht um die Republik«.[169]

---

168 Robert Wilbrandt, einer wenigen arbeiterfreundlich gesonnen Professoren, sollte wegen des »Gumbelskandals« in Tübingen fortan von der Universität »geächtet« und 1933 aus dem Hochschuldienst entlassen werden. »Pfui, Wilbrandt« wurde in Tübingen zum »geflügelten Wort« (so ohne jegliche kritische Distanz August Vezin, 100 Jahre Tübinger Guestfalia (1859-1959), Köln-Braunsfeld o.J. [1959]), S. 251. Vgl. Robert Wilbrandt, Ihr glücklichen Augen. Lebenserinnerungen, Stuttgart 1947.

169 Vgl. Hartmut Boger u. a. (Autorengruppe »Arbeitertübingen«), Arbeitertübingen. Zur Geschichte der Arbeiterbewegung in einer Universitätsstadt, hrsgg. Vom Deutschen Gewerkschaftsbund Kreis Tübingen, Tübingen

Doch zurück nach Heidelberg. Christian Jansen zieht für die Jahre um 1924 die folgende Bilanz: »Der erste Fall Gumbel zeigte, wie sehr der Liberalismus im Heidelberger Lehrkörper wie in der Weimarer Republik national geprägt war und unter welchen Rechtfertigungsdruck er deshalb geriet, wenn die ›nationale Opposition‹ ein hartes Vorgehen gegen Pazifisten und Internationalisten forderte, mit denen die Liberalen unter keinen Umständen in einen Topf geworfen werden wollten. (…) Der Fall Gumbel markiert das Ende einer von der Novemberrevolution bis 1924 dauernden Phase der Modernisierung der Universität und ihrer politischen Öffnung. Er bot den konservativen Gegnern dieser Entwicklung einen willkommenen Anlass, verlorenes Terrain zurückzugewinnen.«[170] Für die Studenten des Nationalsozialistischen Studentenbundes bot gerade die Heidelberger Universität mit ihren liberalen Traditionen das ideale Kampfterrain. Sie zu schleifen und von »roten«, »jüdischen« und »liberalen« Professoren zu säubern war sein Ziel. Gumbel war hierfür das ideale »Hassobjekt«.[171] Die Folgen dieser ersten Anti-Gumbel-Kampagne waren nachhaltig. Gumbel wurde in Heidelberg zur persona non grata, zum personifizierten Skandal erklärt (zumal sich wenige Wochen später ein zweites Disziplinarverfahren anschloss, da Gumbel öffentlich den Versailler Friedensvertrag mit dem Vertrag von 1871 verglichen hatte). Den vom Heidelberger Illiberalismus (Universität) bzw. Präfaschismus (Studentenschaft) erzeugten negativen Nimbus sollten sich die Initiatoren der folgenden Kampagnen zunutze machen.

1980, S. 161-168 sowie Theodor Eschenburg schadete sein nationalistisch-antidemokratisches Auftreten bei der »Lustnauer Schlacht« dagegen nicht. Zur Rolle Eschenburgs in dieser Zeit vgl. Udo Wengst, Theodor Eschenburg: Biographie einer politischen Leitfigur 1904-1999, Berlin/München/Boston 2015, S. 23-48 sowie Rainer Eisfeld (Hrsg.), Mitgemacht. Theodor Eschenburgs Beteiligung an »Arisierungen« im Nationalsozialismus, Wiesbaden 2015, S. 174-177, der von einer »apologetisch getönten« Rolle Eschenburgs in dessen Selbstdarstellung bezüglich der Hetzkampagne gegen Gumbel spricht.

170 Jansen, Professoren, S. 192.

171 So Maier-Metz, Entlassungsgrund: Pazifismus, S. 61.

Die angemahnte »Säuberung«: Der zweite »Fall Gumbel« (1930)

Angesichts der Ereignisse folgte Gumbel im Winter 1925/26 einer Einladung des Marx-Engels-Instituts (MEI) in Moskau, wo er die von Marx und Engels hinterlassenen mathematischen Notizen redigierte, deren Edition allerdings wenig später durch Stalin gestoppt werden sollte.[172]

Nach einem erlebnisreichen Winter kehrte Gumbel 1926 nach Heidelberg zurück. Die Lage hatte sich dort etwas beruhigt, Gumbel lehrte Statistik und hielt darüber hinaus Gastvorlesungen in Hamburg sowie am Frankfurter Institut für Sozialforschung, das in diesen Jahren enge Kontakte zum MEI unterhielt.[173]

Die Ruhe war trügerisch. Nachdem man Gumbel bei der Ernennung zum außerordentlichen Professor mehrfach übergangen hatte, entschied im August 1930 das Kultusministerium gegen die Philosophische Fakultät dessen Titularernennung. Eine rechtliche oder gar materielle Besserstellung war für Gumbel und seine im Mai 1930 geheiratete Ehefrau, Marieluise von Czettritz, damit allerdings nicht verbunden. Den national(»sozialistisch«)en Radaubrüdern in Heidelberg bot die Ernennung Gumbels allerdings den willkommenen Anlass, erneut gegen »das System« zu agitieren. Die folgenden Monate verwendeten der Heidelberger Nationalsozialistische Studentenbund samt seinem Verbindungsanhang damit, Gumbel, Universität und Bevölkerung einem aktionistischen Stahlgewitter auszusetzen.[174] Es tobte die »Schlacht gegen Gumbel« (Wolfgang Benz), bei der im November 1930 auch Albert Einstein zugunsten Gumbels intervenierte. In einem Brief an Gustav Radbruch, nach seiner Tätigkeit als Justizminister (1922/23) mittlerweile Professor für Strafrecht und Rechts-

172 Die Moskauer Zeit beschreibt Vogt, Emil Julius Gumbel, insbes. S. 18ff.

173 Vgl. Rolf Hecker, Erfolgreiche Kooperation: Das Frankfurter Institut für Sozialforschung und das Moskauer Marx-Engels-Institut (1924-1928) (= Beiträge zur Marx-Engels-Forschung N.F., Sonderband 2), Berlin/Hamburg 2000.

174 Vgl. Giovannini, Zwischen Republik und Faschismus, S. 144-149.

philosophie an der Ruprecht-Karls-Universität, schrieb der berühmte Physiker und Freund des Heidelberger Statistikers: »Herr Gumbel ist zweifellos als Fachmann hinreichend tüchtig, um als Vertreter seines Faches an einer Hochschule zu wirken. Als Persönlichkeit schätze ich ihn noch viel höher. Sein politisches Wirken und seine Publikationen sind von einem hohen Ethos getragen.«[175]

Im November 1930 mobilisierte die Vereinigung Heidelberger Verbindungen zusammen mit der örtlichen NSDAP sowie DNVP und Stahlhelm das nationale Heidelberg. Vor fast 2.000 Teilnehmern forderte man die »Säuberung der Hochschulen«. Offen kündigte einer der Hauptredner dieser »Kundgebung der nationalen Studentenschaft«, realiter nichts anderes als eine Wahlkampfveranstaltung der NSDAP, an: »Der Tag wird kommen, wo einmal ein Gesetz zum Schutz der deutschen Nation geschaffen wird. Dann werden wir gegen Herrn Gumbel Anklage erheben, 1. Wegen Verletzung von Sitte und Anstand, 2. Wegen Missbrauch des Gastrechts, 3. Wegen Verletzung der Ehre der deutschen Nation, 4. Wegen Totenschändung.«[176] Nach dem Absingen des Deutschlandliedes, dem sich das alte Verbindungsstudentenlied »Burschen heraus!« anschloss, wurde die Veranstaltung mit der Verabschiedung einer Protestresolution beendet, in der die sofortige Entfernung Gumbels von der Universität gefordert wurde.

Mehrere namhafte Ordinarien der Universität zeigten ihre deutliche Sympathie für die Proteste; lediglich Ex-Justizminister Radbruch, wie Gumbel Mitglied der Deutschen Friedensgesellschaft (DFG), Emil Lederer sowie Gerhard Anschütz wiesen den Generalangriff auf die Hochschulautonomie und die Wissenschaftsfreiheit öffentlich zurück.[177] In einem Beitrag des Heidelberger Tageblatts vom 12.11.1930 (der Heidelberger Student lehnte den Abdruck zunächst ab) wies Radbruch darauf hin, dass in erster Linie Gumbels »Enthüllungsfeldzüge gegen die politischen und Fememorde, gegen die Geheimrüstungen

175 Universitätsarchiv Heidelberg, zit. n. Benz, Emil J. Gumbel, S. 184, FN 41.

176 Universitätsarchiv Heidelberg / Volkszeitung Heidelberg v. 8.11.1939, zitiert nach Jansen, Emil Julius Gumbel, S. 32, FN 92.

177 Vgl. Jansen, Emil Julius Gumbel, S. 30 ff.

gemeint« seien. In der Forderung nach einer »Säuberung der Universität« liege auch »eine Bedrohung aller derjenigen, die sich Gumbel in dem einen oder anderen Punkte gesinnungsverwandt fühlen. Mit Gumbel soll die Säuberung angefangen werden – wer weiß, mit wem sie enden soll?« (vgl. Dokument 1, S. 124)[178] Das waren deutliche und unmissverständliche Worte. Radbruch, der in seiner zitierten Stellungnahme treffend vorausblickte, sollte bereits wenige Wochen nach der nationalsozialistischen »Machtübernahme« aus dem Staatsdienst entlassen werden. Der renommierte Jurist fiel unter das angekündigte »Gesetz zum Schutz der deutschen Nation«, verabschiedet unter dem Titel »Gesetz zur Wiederherstellung des Berufsbeamtentums«.

In der nächsten Ausgabe des »Heidelberger Student« wurde Radbruchs Artikel dann doch abgedruckt, allerdings von Bernhard Seeger-Kelbe, einem NS-Jurastudenten und führenden Protagonisten im »Kampf gegen Gumbel«, als Stellungnahme des »Aktionsausschusses der nationalen Studentenschaft« unmittelbar kommentiert: »Wir lehnen Herrn Prof. Gumbel nicht nur wegen seines Ausspruches vom ›Felde der Unehre‹ (…) ab, sondern überdies hinaus, wegen seiner gesamten sonstigen politischen Tätigkeit (…), da Herr Prof. Gumbel als Universitätslehrer nicht über Fememord und geheime Rüstungen, sondern über Statistik liest (…). Nach unserer Überzeugung hat die politische Gesinnungsfreiheit dort ihre Grenze, wo sie den Bestand und das Wohlergehen des Staates, wo sie die Ehre des deutschen Volkes bedroht. Dass die Mehrheit der deutschen Jugend von 1930 eine andere Staatsgesinnung hat als Herr Prof. Gumbel und diejenigen, ›die sich Gumbel in dem einen oder andern Punkte gesinnungsverwandt fühlen‹, ist Gott sei Dank eine Tatsache, wenngleich dies Herr Prof. Radbruch nicht zu glauben vermag. (…) Wenn wir betont haben, dass sich unser Kampf über die Person des Herrn Prof. Gumbel hinaus gegen das heutige System richtet, so ist das nur folgerichtig. Ein System, dessen Vertreter im Sinn der Herren Gumbel oder Remmele

178 Gustav Radbruch, Protest gegen einen Protest. Universität und der Fall Gumbel, in: Heidelberger Tageblatt vom 12.11.1930, S. 3, zitiert nach Jansen, Der »Fall Gumbel«, S. 32 f.

tätig sind und das diese Tätigkeiten ausdrücklich billigt, ja nachgerade zu seinem wesentlichen Inhalt macht, ist in unseren Augen morsch und faul. Die Mehrheit der Heidelberger Studentenschaft sieht es als ihre Pflicht an, als kleiner Stoßtrupp im Millionenheer derer, die für ein sauberes soziales und nationales Deutsches Reich kämpfen, das Ihre zu tun. (...) Gerade der Terror des heutigen Systems, der sich uns gegenüber in den verletzendsten Formen austobt, hat uns dazu gebracht, dieses System hassen zu lernen, hat uns dazu gedrängt, den uns aufgezwungenen Kampf um die Freiheit unserer Gesinnung unbeugsam durchzuführen bis zum Endsieg. (...) Die ›Freiheit, die wir meinen‹, hat nichts zu tun mit ›Freiheit‹ für Tätigkeit des Herrn Prof. Gumbel! Ein Recht auf die Freiheit der Gesinnungsäußerung hat unserer Überzeugung nach nur der, der diese Freiheit im Dienst am Vaterland gebraucht. Jeder andere hat dieses Recht verwirkt.«[179] Das waren klare und deutliche Worte.

Anselm Faust hat in seiner Studie über den Nationalsozialistischen Studentenbund die Vorgehensweise, die hier wie auch bei den anderen »Fällen« praktiziert wurde, wie folgt beschrieben: »Die ›Fälle‹, wie man das damals allgemein nannte, liefen fast alle nach einem ebenso simplen wie wirkungsvollen Schema ab: Man griff sich einen demokratischen oder jüdischen Dozenten heraus – am besten, er erfüllte beide Kriterien gleichzeitig; gegen einen solchen Lehrer ließen sich die Ressentiments der Studenten am leichtesten mobilisieren, zudem konnte man zumindest auf die Nachsicht eines Teils der Lehrerschaft rechnen. Diesen Dozenten beobachtete man eine Zeitlang, bis man eine ›brauchbare‹ Äußerung gefunden hatte; diese ließ man umgehend entstellt und/oder aus dem Zusammenhang gerissen in der Presse veröffentlichen – schon befand sich die Studentenschaft in ›berechtigter Empörung‹, die umso größer wurde, je mehr sich der Angegriffene verteidigte, und die sich schließlich zum ›Kampf um die akademische Freiheit‹ ausweitete, sollte es Hochschulverwaltung und Regierung wagen, gegen die randalierenden Studenten vorzugehen.

179 Antwort des Heidelberger Aktionsausschusses nationaler Studenten (Bernhard Seeger-Kelbe), in: Heidelberger Student Nr. 2 (WS 1930/31).

Und fast immer konnten die Studenten auf die Unterstützung einer breiten nationalen Öffentlichkeit rechnen, die begierig die Vorgänge aufgriff und zu ihren Zwecken ausschlachtete.«[180]

Die »nationalen Kreise« – vor allem der Nationalsozialistische Studentenbund im Verein mit den studentischen Korporationen – beschränkten sich dabei nicht auf die Skandalisierung vor Ort. Studentenschaften anderer Hochschulen wurden mobilisiert, Unterstützung organisiert. Reichsweit gab es entsprechende Kundgebungen, Erklärungen, Verlautbarungen – von den eher katholisch ausgerichteten Universitäten und Studentenschaften (Beispiel: Freiburg[181]) genauso wie von den protestantisch dominierten (Beispiel: Marburg[182]).

Die Tumulte und Schlägereien, die von einer Phalanx aus Korporationen und NS-Studentenbund in der Folgezeit gegen die Ernennung Gumbels an der Universität in Heidelberg und in der gesamten Republik (hierzu nutzten vor allem die Korporationsverbände weidlich ihre überregional erscheinenden Periodika[183]) angezettelt wurden (fälschlicherweise oft nach dem Opfer als »Gumbel-Krawalle bezeichnet, denn nicht Gumbel war der Aufrührer, sondern die »nationale Front«), führten in der Neckar-Stadt zur zeitweiligen Auflösung der Studentenschaft und der Suspendierung des AStA durch den zuständigen Kultusminister Adam Remmele.[184] Dessen »unerhörtes Eingrei-

180 Faust, Der Nationalsozialistische Studentenbund Bd. 2, S. 52 f.

181 Vgl. Wolfgang Kreuzberger, Studenten und Politik 1918-1933. Der Fall Freiburg im Breisgau, Göttingen 1972, S. 152 f.

182 Vgl. Till Conrad, Die politische Entwicklung der Studentenschaft in Marburg 1926-1935 (Examensarbeit), Marburg 1985, S. 78; generell: Maier-Metz, Entlassungsgrund: Pazifismus.

183 Vgl. etwa Richard Scherberger, Der Fall Gumbel, in: Burschenschaftliche Blätter, H. 3 (1930), S. 62 f. Dort heißt es: »Unser Kampf in Heidelberg gilt (...) dem heutigen Staatssystem und der zersetzenden Auffassung über die Aufgaben eines deutschen Kultus- und Unterrichtsministeriums, er soll aber auch Vorkämpfer sein für eine neue lebensfähige Idee, die die deutsche Jugend zur Erinnerung ihrer höchsten Aufgaben führen soll (...).« Un schwer, hier die nationalsozialistische Weltanschauung auszumachen!

184 Remmele wurde im Mai 1933 von der Gestapo verhaftet und ins Konzentrationslager Kislau gebracht.

fen« beantwortete ein »nationaler Kampfausschuss« mit einer Unterschriftenaktion gegen Gumbel, um die »Entfernung Gumbels von Heidelberg« nun endgültig durchzusetzen.[185] Ihren Höhepunkt fand die zweite Anti-Gumbel-Kampagne mit einer Massenveranstaltung am 1. Februar 1931, an der über 3.000 Personen teilnahmen und vom NSDAP-Reichstagsabgeordneten angeblich 15.000 Protest-Unterschriften Heidelberger Bürger gegen Gumbel präsentiert wurden. Aus einer wenige Wochen später verfassten »Erklärung der Vereinigung Heidelberger Verbindungen« gehen die weitgehenden ideologischen Gemeinsamkeiten von Korporationsstudententum und organisierter NS-Studentenschaft klar hervor.[186] Zudem wird deutlich, dass der »Fall Gumbel« längst zu einer Angelegenheit von nationaler Tragweite – d. h. der nationalsozialistischen »Eroberung« der Hochschulen – geworden war, wie ein Student des Heidelberger Wingolfs, einer protestantisch ausgerichteten Verbindung, damals kundtat: »Die Universitäten haben aufgehört, Stätte nationalen Kulturschaffens zu sein: Sie sind in Gefahr, ausschließlich internationaler und fremdrassiger Geisteserziehung zu verfallen. (…) Man hat uns angegriffen und als wir uns gewehrt haben, als wir das moralische und sittliche recht für uns in Anspruch nahmen, gegen das Vorgehen des Ministeriums sowie gegen Gumbel selbst, Protest zu erheben, hat man die Studentenschaft an der Heidelberger Universität zerschlagen. (…) Es ist nicht die Art einer zielbewussten Jugend, vor einem Angriff zurückzuschrecken. Sie ist sich der Verantwortung bewusst, den Kampf um die Erringung einer nationalen Hochschule bis zum letzten durchzufechten.«[187] Es

185 Abgedruckt bei Jansen, Emil Julius Gumbel, S. 84 (Faksimile).

186 Vgl. Dietrich Heither/Michael Lemling, Die studentischen Verbindungen in der Weimarer Republik und ihr Verhältnis zum Faschismus, in: Ludwig Elm/Dietrich Heither/Gerhard Schäfer (Hrsg.), Füxe, Burschen, Alte Herren. Studentische Korporationen vom Wartbugfest bis heute, Köln 1992, S. 92-156. Mit besonderem Blick auf die Burschenschaften: Dietrich Heither, Burschenschaften, Köln 2013, S. 66-99.

187 Hans Peter Lutze, Der Leser hat das Wort. Erklärung der Vereinigung Heidelberger Verbindungen, in: Heidelberger Neueste Nachrichten vom 16.6.1931, zitiert nach Peters/Weckbecker, Auf dem Weg zur Macht, S. 150 (Dokument 22).

waren also nicht nur die Mitglieder schlagender Korporationen, die an den Universitäten den Nationalsozialisten den Weg bereiteten.

Gumbel erhielt in den folgenden Wochen aber auch Unterstützung – vor allem seitens seines Berliner Freundeskreises. Carl von Ossietzky veröffentlichte in der Weltbühne einen längeren Aufsatz über »Professor Gumbel«, in dem er den Bogen vom Attentat gegen Gumbel und Gerlach im Februar 1920 bis in die Gegenwart spann: »Jetzt sind Sie, lieber Herr Doktor Gumbel, wieder Gegenstand roher und dummer Anwürfe geworden. Ihretwegen schnitten heidelberger Studenten die Reichsgründungsfeier, nachher gabs wilde Reden und Krawall auf der Straße. Das geht so seit mehr als zehn Jahren, seit jener denkwürdigen Versammlung in der Aula am Savignyplatz (...). Seitdem sind viele Jahre vergangen, und seitdem hat, wo Sie auch auftraten, immer irgendjemand gegen Sie protestiert. Ihre Gelehrtenlaufbahn ist von den Protesten von Kollegen und Studierenden begleitet. Alle Augenblicke wird in Heidelberg ›gegen Gumbel protestiert‹. Was Sie fürchterliches tun, wird dabei nicht recht klar. (...) Es ist auch nicht bekannt geworden, dass Sie jemals Ihren Lehrstuhl zu politischen Meinungsäußerungen missbraucht hätten, wie es so manche Ihrer Kollegen tun. (...) Ihre Chronik der politischen Morde in der ersten Republik wird Ihnen weder vergessen noch verziehen. Diese undankbare und gefährliche Aufgabe, die finstersten Ecken des neuen Deutschland abzuleuchten, haben Sie mit ebensoviel Scharfsinn wie Gewissenhaftigkeit erfüllt. (...) Und weil Sie viel Schlamm fortschaffen mussten, deshalb findet man heute Ihren Geruch nicht gut.«[188]

Als schließlich der Vorstand des Verbands der deutschen Hochschulen, die offizielle Standesvertretung der deutschen Hochschullehrer, sich in einer Erklärung vom 30. März 1931 auf die Seite der Heidelberger Studentenschaft schlug, »aufs wärmste« jede Äußerung, »in der die Deutsche Studentenschaft ihre vaterländische Gesinnung bekundet«, begrüßte und gar »Verständnis« für die Krawalle äußer-

188 Carl von Ossietzky, Professor Gumbel, in: Die Weltbühne vom 27.1.1931, S. 150/151, hier S. 150.

te,[189] kam es zu einer Solidarisierung pazifistischer und sozialistischer Hochschullehrer mit Gumbel. Rudolf Olden,[190] Journalist und Strafverteidiger (er war einer der Rechtsanwälte Carl von Ossietzkys, als dieser wegen des Vorwurfs (angeblichen) Landesverrats angeklagt wurde), stellte im Berliner Tageblatt den Zusammenhang zwischen Gumbels Aufdeckung der von den Nationalisten begangenen Femeverbrechen und den Heidelberger Ausschreitungen her: »Wenn der Professorenverband in seinem kriecherischen Brief den Studententerror weit eher ermutigt, als dass er ihn zurückweist, so ist es da wie dort, in Heidelberg wie in Berlin, dasselbe, was wir schamrot über die Feigheit solcher ›Führer‹ Deutschlands erleben müssen: der Kotau vor der Straße.«[191]

Angeregt von der Deutschen Liga für Menschenrechte, wurde am 27. April 1931 in Berlin über den »Fall Gumbel« und die Heidelberger Geschehnisse diskutiert. Für Gumbel und die »Freiheit der Lehre« setzen sich bei dieser »Kundgebung gegen die Hochschulreaktion« in Redebeiträgen vor über eintausend Besuchern die Historiker Martin Hobohm und Arthur Rosenberg, der Physiker Albert Einstein, der Chemiker David Holde sowie der Studentenvertreter Karl Berlowitz ein.[192] Eine in der Folge von Holde initiierte Protesterklärung wurde von etwa achtzig Hochschullehrern unterschrieben. Unter diesen befanden sich neben den o.g. Professoren auch Karl Barth, Albrecht Götze, Carl Grünberg, Hermann Heller, Max Horkheimer, Emil Lederer, Theodor Lessing, Gustav Radbruch, Anna Siemsen, Hugo Sinzheimer, Ferdinand Tönnies und Theodor Wiesengrund (Adorno).[193] Wie Harald Meier-Metz festhält, wurden alle Genannten bis auf Einstein, der schon 1932 emigrierte, nach 1933 entlassen, wobei ihre

189 Vgl. Maier-Metz, Entlassungsgrund: Pazifismus, S. 62ff.

190 Zu Rudolf Olden vgl. Ingo Müller, Rudolf Olden (1885-1940). Journalist und Anwalt der Republik, in: Kritische Justiz (Hrsg.), Streitbare Juristen. Eine andere Tradition, Baden-Baden 1988, S. 180-192.

191 Zitiert nach Maier-Metz, Entlassungsgrund: Pazifismus, S. 67f.

192 Vgl. ebenda, S. 69ff.

193 Abgedruckt bei Gumbel, Verschwörer, S. 286f. sowie (als Faksimile) bei Maier-Metz, Entlassungsgrund: Pazifismus, S. 72f.

Unterstützung für Gumbel eine nicht unwesentliche Rolle gespielt haben dürfte. Festzuhalten bleibt aber auch: Von den etwa 5.000 Lehrkräften der deutschen Hochschulen waren damit nicht einmal 2 % bereit, sich in die »Liste des Anstands« einzutragen.

Parallelen zur ersten Kampagne liegen auf der Hand: Gumbel hatte mit seinem Buch »Verräter verfallen der Feme! Opfer, Mörder, Richter 1919-1929«,[194] eine Zusammenfassung und Bilanz seiner bisherigen Arbeiten, erneut in die »Blutkeller der Reaktion« (Zweig) geleuchtet. Auch hier, Gumbel selbst nannte das Buch eine »abschließende Darstellung«, listete er Dokumente auf, ließ Tatsachen sprechen, beschrieb Zustände. Mit derartiger Aufklärung, so Olden, bekräftigte er den »unauslöschlichen Hass« derer, die sich »national nennen«.[195]

»Gumbels Kopf wird rollen« (1932)

Im Mai 1932 brachten die rechtsradikalen Studenten Gumbel endgültig zu Fall. Während einer Diskussion mit sozialistischen Studenten hatte der konsequente Pazifist die Verherrlichung des Kriegs kritisiert (nahezu zeitgleich war von der Filmprüfstelle im Reichsinnenministerium Berlin das Verbot der Verfilmung von Erich Maria Remarques Antikriegsroman »Im Westen nichts Neues« verfügt worden) und sinngemäß formuliert, eine leichtbekleidete Jungfrau mit Siegespalme sei kein angemessenes Denkmal des Krieges. Besser geeignet sei angesichts der 700.000 Hungertoten eine große »Kohlrübe« (das Hauptnahrungsmittel im sog. »Kohlrübenwinter« 1917/18) – als Symbol von Hunger, Schrecken und Leid. Derartige Symbolik fand bei Gumbel häufiger Verwendung; der Vergleich von Kriegerdenkmal und Kohlrübe gehörte wohl zum festen Repertoire seiner Reden.[196]

Drei völkische Beobachter, es handelte sich um den NS-Hochschulgruppenführer Karl Doerr (er sollte noch einmal 1936 in Sachen

194 Vgl. Gumbel, »Verräter verfallen der Feme!«.

195 Zitiert nach Maier-Metz, Entlassungsgrund: Pazifismus, S. 67.

196 Vgl. mit weiterem Beleg Vogt, Emil Julius Gumbel, S. 31.

Gumbel in Erscheinung treten) sowie Hans Rösiger und Justus Fischer, hatten die Äußerungen mitstenographiert und in einem lokalen NS-Hetzblatt veröffentlicht.[197] Was die anwesenden Jung-Nazis zusätzlich empört haben dürfte, war die Unterschriftensammlung für den inhaftierten Carl von Ossietzky, die Gumbel herumgeben ließ. Eine Hetzkampagne mit zahllosen Hetzartikeln beispiellosen Ausmaßes begann. Auf Demonstrationen, deren Reihen durch Studenten anderer Universitäten aufgefüllt wurden (sie kamen etwa aus Frankfurt, Darmstadt und Tübingen), wurde lautstark Gumbels Kopf gefordert. Studenten randalierten zudem vor Gumbels Haus, warfen dort die Fensterscheiben ein. Prognostisch die Worte des NSDAP-Reichstagsabgeordneten Johannes Rupp auf einer Kundgebung der Deutschen Studentenschaft, mit denen Gumbels Kopf gefordert und die Liquidierung angekündigt wurde: »Mit diesen Leuten wie Gumbel werden wir ein für allemal Schluss machen. Sorgen Sie dafür, dass am 31.7. [dem Tag der Reichstagswahl, D.H.] der Grundstein gelegt wird für den deutschen Staat, in dem Gumbel und Konsorten unmöglich sind. Geschieht das, dann kann Gumbel am 1. oder 2. August beerdigt werden.«[198] Zahllose Aktionen erreichten schließlich, dass seitens der Universität und des Unterrichtsministeriums ein neues Untersuchungsverfahren eingeleitet wurde.

Der Rektor bat in dessen Verlauf um eine Stellungnahme Gumbels. Gumbel argumentierte dahingehend, die Versammlung sei intern gewesen; da die Veranstaltung vierzehn Tage zurückläge, könne er sich nicht mehr genau an das Gesagte erinnern. Dann führte er aus: »Ich dürfte – und zwar durchaus gelegentlich – darauf hingewiesen haben, dass in jener Zeit, die ich im Gegensatz zu den Lobpreisern des Krieges von heute als Soldat mitgemacht habe, der Hunger zu dem schließlich alles überragenden Gefühl wurde, und dass deswegen die Kohlrübe als Hauptnahrungsmittel dieser Zeit, sozusagen als Symbol, als Denkmal des Krieges adäquat ist. Während die damalige Zeit den Krieg in seiner Schauderhaftigkeit

197 Hinweise nach Benz, Emil J. Gumbel, S. 185, FN 45.

198 Zitiert nach: Die Weltbühne vom 12.7.1932, S. 73.

erkannte, während namentlich die Soldaten von ihm in durchaus despektierlicher Weise sprachen, versuchte die spätere Zeit seinen fürchterlichen Ernst zu vermindern und ihn auch durch Denkmäler zu verklären. (…) Es erscheint mir notwendig, auf die Gefahr hinzuweisen, die entsteht, wenn nicht einmal in geschlossenem Kreis von im Prinzip Zustimmenden eine Aussprache stattfinden darf, während die Feinde unseres Staates ihre Auffassung in aller Öffentlichkeit propagieren dürfen.«[199]

Inneruniversitär schwand die Unterstützung Gumbels durch seine (ehemals) liberalen Heidelberger Kollegen zunehmend. Vor allem Arnold Bergstraesser, wegen jüdischer Vorfahren später selbst Opfer der faschistischen Diktatur und nach 1945 einer der Begründer der bundesdeutschen Politikwissenschaft, zählte zu den nationalistischen Scharfmachern gegen Gumbel in einem erneut eingerichteten Untersuchungsausschuss.[200] Aber auch Karl Jaspers distanzierte sich nun von Gumbel bzw. »war auch zu einem Gegner geworden.«[201]

Überliefert ist die abschließende Stellungnahme Gumbels, ein ergreifendes, sehr persönlich gehaltenes (und für Gumbel daher eher untypisches) Plädoyer, in dem er sich zu seiner Liebe zur Wissenschaft und zur Universität bekannte (vgl. Dokument 2, S. 126) und sich selbst angesichts der politischen Verhältnisse »äußerste Zurückhaltung« auferlegte (besser: auferlegen musste). Sie ist ein erschütterndes Dokument der Folgewirkungen aber auch der Vorwegnahme nationalsozialistischer Barbarei. Die dort vorgetragene Bitte, ihm die Möglichkeiten wissenschaftlichen Arbeitens zu erhalten, sollte nicht erfüllt werden. Einstimmig beschlossen Fakultät und Senat, dass sich der Mathematiker des Vertrauens als akademischer Lehrer »nicht würdig« gezeigt habe. Am 5. August 1932 war der Entzug der Lehrberechtigung amtlich, veröffentlicht wurde er erst einige Wochen später. Mit Beginn des Wintersemesters wurde die Entziehung der Lehrerlaubnis wirksam. Sie wurde von der nationalen Presse entsprechend gefeiert.

199 Zitiert nach Jansen, Der »Fall Gumbel«, S. 63f.

200 Vgl. Jansen, Emil Julius Gumbel, S. 38.

201 Jansen, Der »Fall Gumbel«, S. 71.

Es setzte die Reihe politisch und »rassisch« motivierter Entlassungen an den Universitäten Deutschlands ein – die Selbstgleichschaltung der (Heidelberger) Universität begann vor 1933!

Die »Weltbühne« brachte in ihrer Ausgabe vom 13. September 1932 eine Rückschau zum »Fall Gumbel«. Kurt Großmann (1897-1972), wie Gumbel Pazifist und einer der bedeutendsten Weimarer Linksliberalen, zeichnete noch einmal die Entwicklungen seit Gumbels Ernennung zum Professor nach. Auch nannte er mit Albrecht Götze (Marburg), Anna Siemsen (Jena), August Messer (Gießen), Walter Berendsohn (Hamburg), Immanuel Herrmann (Stuttgart), Ferdinand Tönnies (Kiel), Franz Oppenheimer (Frankfurt) und Karl Brandt (Berlin) die Professoren, die sich – trotz nazistischer Bedrohungen – für Gumbel stets eingesetzt und gegen die Gesinnungsschnüffelei protestiert hatten. Deutlich formulierte es die von Großmann zitierte Anna Siemsen, der wegen der Unterstützung Gumbels vom thüringischen »Volksbildungsminister« Fritz Wächtler Ende 1932 die Lehrerlaubnis entzogen wurde: »Alle diese Aktionen sind (zu werten) als Kampf einer terroristisch gerichteten Machtgruppe, um eine Gesinnungsdiktatur auf den deutschen Hochschulen aufzurichten, welche durch Gewalt und Einschüchterung wirkend das Ende der wissenschaftlichen Freiheit, damit wenigstens für eine Zeitspanne auch das Ende der deutschen Wissenschaftlichkeit bedeuten würde.« Und auch für den ebenfalls wiedergegebenen Karl Brandt war klar, dass der Kampf der Nationalsozialisten »nicht gegen die einzelnen Professoren, sondern gegen das System ginge.«[202] Tatsächlich sollten alle hier genannten Demokraten 1933 von den neuen Machthabern vom Dienst suspendiert werden.

Gumbels Einspruch gegen diesen Entscheid, seine »Verteidigungsschrift« (vgl. Dokument 3, S. 127), wurde vom Kultusminister Eugen Baumgartner (Zentrum), Mitglied einer Koalitionsregierung mit sozialdemokratischer Beteiligung, am 27.2.1933 abschlägig beschieden. Aber zu diesem Zeitpunkt war Gumbel längst außer Landes. Zwei

202 Kurt Großmann, Akademiker zum Fall Gumbel, in: Die Weltbühne vom 13.9.1932, S. 388-391.

Wochen später, am 11. März, wurde die badische Regierung von den Nationalsozialisten abgesetzt.

Der Entzug der Lehrberechtigung durch die Universität kurz vor der Reichskanzlerschaft Hitlers war Gumbels »Glück im Unglück«; der Tod wäre einem der Meistverhasstesten des Nazi-Regimes sicher gewesen. Da Gumbel auf einer Vortragsreise im Ausland war, konnte der Haftbefehl gegen ihn nicht vollstreckt werden. Sein Haus wurde indes geplündert, seine Bibliothek in Teilen verbrannt, sein Vermögen konfisziert. Selbstverständlich lagen seine Schriften auf dem Scheiterhaufen, der bei der von der Heidelberger Studentenschaft am 17. Mai 1933 organisierten Bücherverbrennung auf dem Universitätsplatz entzündet wurde. Gustav Adolf Scheel, Mitglied des Vereins Deutscher Studenten (VDSt) und »Führer« der örtlichen Studentenschaft – er wurde später »Reichsstudentenführer – nannte in seiner das Autodafé eröffnenden Hetztirade »Wider den undeutschen Geist« als ersten Namen den des verhassten Gumbels. Ihm folgten Erich Maria Remarque, Heinrich Mann und Kurt Tucholsky.[203]

Gumbel selbst war inzwischen die deutsche Staatsbürgerschaft aberkannt worden – sein Name stand auf der ersten Ausbürgerungsliste der neuen Machthaber (der seiner Frau auf Liste 12 vom 16.4.1937). Über seine Ausbürgerung hielt er lakonisch fest: »Im August 1933 wurde ich ausgebürgert. Ich empfinde es als große Ehre, dass ich wegen meiner Veröffentlichungen über die Schwarze Reichswehr und die politischen Morde bereits auf die erste Ausbürgerungsliste kam.«[204]

---

203 Vgl. »Der Heidelberger Student« Nr. 3 (1933), S. 27. Vgl. auch Werner Treß, »Wider den undeutschen Geist!«. Bücherverbrennung 1933, Berlin 2003, S. 189-192.

204 Emil Julius Gumbel (Hrsg.), Freie Wissenschaft. Ein Sammelbuch aus der deutschen Emigration. Strasbourg 1938, S. 268 (Lebenslauf).

Kapitel VII
Im Exil

»Die Emigration ist das Grauenhafteste, was es für einen politisch interessierten Menschen gibt. Denn plötzlich hört die Wirklichkeit auf. Der Emigrant lebt nur in der Vergangenheit, die Weltgeschichte hört an dem Tag auf, an dem er das Land verlassen hat.«[205]

Emil Julius Gumbel

Die Verteidigung der Wissenschaft: Frankreich (1932-1940)

Nach Gastvorlesungen an der Pariser Sorbonne blieb Gumbel zu Beginn des Jahres 1933 in Frankreich (in Paris, Strasbourg und Lyon), im Exil. Ihm war bewusst, dass für ihn die Chance auf eine Anstellung an einer deutschen Universität mit dem 30. Januar 1933 nicht mehr bestand und sein Leben in Deutschland massiv bedroht war. Seine Situation wird durch Theodor W. Adornos Reflexionen zum Leben im Exil treffend beschrieben: »Jeder Intellektuelle in der Emigration, ohne alle Ausnahme, ist beschädigt (...) Enteignet ist seine Sprache und abgegraben die geschichtliche Dimension, aus der seine Erkenntnis die Kräfte bezog. Die Isolation wird umso schlimmer, je

205 Zitiert nach Arthur Brenner, »Hirngespinste« oder moralische Pflicht? Emil J. Gumbel im französischen Exil 1932 bis 1940, in: Exilforschung. Ein internationales Jahrbuch, Bd. 8: Politische Aspekte des Asyls, München 1990, S. 128-141, hier S. 128. Grundlegend: Arthur Brenner, Emil J. Gumbel, S. 146-165.

mehr feste und politisch kontrollierte Gruppen sich formieren, misstrauisch gegen die Zugehörigen, feindselig gegen die abgestempelten anderen.«[206] Aber die von Adorno beschriebene Enteignung konnte die »Wirklichkeit« des »politisch interessierten Menschen« Gumbel im französischen Exil nicht beenden. Er blieb publizistisch aktiv, meldete sich immer wieder zu Wort. Offensichtlich wirkten auf ihn die Leiden des Exils nicht ganz so deprimierend wie auf viele andere Emigranten[207] – die Erleichterung, den zuvor in Heidelberg erlittenen Angriffen zumindest körperlich unversehrt entgangen zu sein, dürfte hierfür ausschlaggebend gewesen sein.

Frankreich wird in dieser Zeit eines der großen Exilländer für deutsche Flüchtlinge. Es ist leicht erreichbar, viele Künstler und Schriftsteller haben zum Land der Aufklärung und Revolution, haben zur französischen Kultur eine besondere Affinität, zumal das Land jenseits des Rheins für deutsche Demokraten – siehe Heinrich Heine – ein traditionsreiches Asylland darstellt. Bereits unmittelbar mit seiner Flucht nach Paris engagierte sich Gumbel für seine Schicksalsgenossen, leitete zusammen mit Konrad Reisner[208] die »Service juridique« der Deutschen Liga für Menschenrechte im Exil, die den täglich zahlreicher werdenden Emigranten half, Aufenthalts- und Arbeitserlaubnis zu erhalten.

Am 19. April 1934 trat Gumbel, mittlerweile auf eine Forschungsprofessur der Universität Lyon berufen, per Schreiben aus der Deutschen Mathematiker-Vereinigung (DMV) aus, weil diese, entgegen ihrer eigenen Statuten, der Zerstörung der deutschen Wissenschaft keinen Widerstand entgegengesetzt habe. Der Verband reagierte umgehend, indem er durch Ludwig Bieberbach,[209] Mitglied des Vor-

206 Theodor W. Adorno, Minima Moralia. Reflexionen aus dem beschädigten Leben, Frankfurt a.M. 1984 (Erstauflage: 1951), S. 32.

207 Vgl. Brenner, »Hirngespinste«, S. 131.

208 Zu Konrad Reisner vgl. Frithjof Trapp, Nachruf auf Konrad Reisner, in: Exil, Heft 2 (2003), S. 96-98.

209 Ludwig Bieberbach, Mitglied der SA seit 1933, war an der Verfolgung jüdischer Wissenschaftler aktiv beteiligt. Im Gegensatz zur modernen, »jüdischen« Mathematik versuchte Bieberbach eine »deutsche Mathematik« zu begründen.

stands der DMV, antworten ließ: »Goetz von Berlichingen. Was verstehen Sie von deutscher Wissenschaft?« Gumbels Antwort hierauf: »Ich bestätigen den Empfang Ihres ungefälligen Schreibens und bedaure, Im Interesse des Ansehens der Wissenschaft nicht im gleichen, neudeutschen Sauherdenton antworten zu können.«[210]

Gegen die Transformation seiner Wissenschaft in eine »deutsche Wissenschaft« setzte sich Gumbel zur Wehr: Anlässlich der 550-Jahrfeier unterzog er 1936 die Heidelberger Universität harscher Kritik und desavouierte diese in der Öffentlichkeit. Anhand eines detaillierten Vergleichs von Vorlesungsverzeichnissen der Jahre 1932 und 1936 (der Vergleich bezog sich auf die Umstrukturierung des Lehrkörpers sowie die inhaltlichen Veränderungen der einzelnen Fakultäten) wies er auf den Niedergang seiner Hochschule hin, der von den »Gelehrten« kampflos hingenommen worden war: »Kein Wort des Protestes gegen die Absetzung so vieler verdienter Gelehrter wurde laut. Kein Wort der Kritik gegen das Eindringen der parteibuchbewaffneten Ignoranz (...).«[211] Nach einem von Gumbel veröffentlichten Artikel dokumentierte die »Pariser Tageszeitung« eine »Ehrenliste« der ausländischen Universitäten, die die Einladung zur Teilnahme an der Jubiläumsveranstaltung abgelehnt hatten.[212] Gumbel beließ es aber nicht beim Aufzeigen der veränderten Struktur des Lehrkörpers und des Niedergangs der Wissenschaft. Auf seine Einladung hin veröffentlichten fünfzehn Wissenschaftlerinnen und Wissenschaftler[213] Beiträ-

210 Ein wissenschaftlicher Briefwechsel. Neudeutscher Ton – »Mathematiker und Rasse«, in: Pariser Tageblatt vom 19.4.1934, S. 2, abgedruckt bei Peters/Weckbecker, Auf dem Weg zur Macht, S. 277 (Dokument 54).

211 Emil Julius Gumbel, Die Gleichschaltung der Universität Heidelberg, in: Das Wort. Literarische Monatsschrift (Moskau) H. 3 (1936), S. 61-68, zitiert nach Peters/Weckbecker, Auf dem Weg zur Macht, S. 277-283 (Dokument 55).

212 Vgl. Vogt, Emil Julius Gumbel, FN 12, S. 267.

213 Arthur Brenner, »Hirngespinste«, S. 134, konstatiert im Kontext dieser Veröffentlichung bei Gumbel eine große Enttäuschung. Von 80 angeschriebenen Wissenschaftlern antwortete eine große Mehrheit negativ auf dessen Publikationsvorschlag. Für viele war ein solches Werk »zu politisch«. Das »Unpolitische als Wesensmerkmal der deutschen Universität« (Abendroth) war selbst im Exil also noch präsent.

ge, durch die sie die freiheitlichen und weltbürgerlichen Traditionen ihrer Wissenschaft (es handelt sich um Aufsätze aus den jeweiligen Fachdisziplinen) verteidigten und der nationalsozialistischen Propaganda entgegensetzten.[214] Der Titel des Buches »Freie Wissenschaft« entsprach dabei ganz dem Selbstverständnis der Wissenschaftler, wissenschaftlich nur außerhalb des nazistischen Machtbereichs arbeiten zu können. Vorangestellt war dem Buch eine Traueranzeige mit den Namen derjenigen Wissenschaftler, die aus Angst und (beruflicher) Perspektivlosigkeit vor den faschistischen Machthabern Selbstmord begangen hatten oder von diesen umgebracht worden waren.[215]

Gumbel verteidigte nicht nur die Freiheit der Wissenschaft. Er war zudem an den Kampagnen für Carl von Ossietzky beteiligt, mit denen versucht wurde, den ehemaligen Herausgeber der Weltbühne für den Friedensnobelpreis vorzuschlagen, um ihn auf diese Weise vor Misshandlungen zu schützen und aus der KZ-Haft zu befreien. Das unermüdliche Wirken der Freunde von Ossietzky aus der Deutschen Liga für Menschenrechte, weitgehend identisch mit Gumbels Bekannt- und Freundschaften in der französischen Emigrantenszene, hatte schließlich Erfolg: 1936 wurde dem Pazifisten rückwirkend für das Jahr 1935 der Nobelpreis verliehen. Das Leben des »Gefangenen Hitlers«[216] sollte durch das vielfältige Engagement indes nicht gerettet werden. Ossietzky verstarb an den Folgen barbarischer Haft und Folter gut ein Jahr später.

214 Vgl. Emil J. Gumbel, Freie Wissenschaft. Ein Sammelbuch aus der deutschen Emigration, Strasbourg 1938. Zu den Autoren zählten neben Gumbel u. a. auch Theodor Geiger und Arthur Rosenberg.

215 Aufgeführt werden Max Alsberg (Jurist), Gustav Bayer (Pathologe), Wolfgang Denk (Chirurg), Edmund Forster (Psychiater), Oskar Frankel (Gynäkologe), Walter Gross (Pathologe), Hermann Jakobsohn (Philologe), Wilhelm Knöpfelmacher (Kinderheilkunde), Paul H.C. Kruse (Mediziner), Theodor Lessing (Philosoph), Arthur W. Meyer (Arzt) (zusammen mit seiner Frau Charlotte), Hans Moral (Zahnmediziner), G. Nobl (Dermatologe) und E. Scheller (Bakteriologe).

216 Vgl. hierzu Wilhelm von Sternburg, »Es ist eine unheimliche Stimmung in Deutschland«. Carl von Ossietzky und seine Zeit, Berlin 1996, S. 255 ff., insbes. S. 273-275.

Im selben Jahr formulierte Gumbel bei der sogenannten Lutetia-Konferenz[217] (26. Januar bzw. 2. Februar 1936) federführend ein »Minimalprogramm der deutschen Volksfront«, ein Aktionsprogramm für die ersten Monate nach einem erhofften Sturz Hitlers,[218] das sozialistische Zielsetzungen enthielt. (vgl. Dokument 4, S. 130) Über einhundert Teilnehmer, darunter Willi Münzenberg und Alexander Abusch (KPD), Rudolf Breitscheid und Erich Kuttner (SPD), Willy Brandt (SAP), Willi Eichler (ISK) und Schriftsteller wie Heinrich Mann und Lion Feuchtwanger, diskutierten in Paris über die Möglichkeiten und Perspektiven der Bildung einer antifaschistischen Volksfront, lehnten Gumbels Vorschlag aber ab. Wegen der letztlich nur taktisch bedingten Haltung der KPD zur Volksfrontbestrebung (im Kern auf die eingangs beschrieben unzureichende Analyse des bürgerlichen Staates zurückzuführen), aber auch wegen der Widerstände aus den Reihen der SPD (begründet in der Dominanz eines letztlich fast ausschließlichen formalen Demokratieverständnisses), kam es zu zahlreichen internen Auseinandersetzungen. Der berühmte Aufruf »An das deutsche Volk« vom Dezember 1936, den auch Gumbel unterschrieben hatte, verdeckte denn auch nur kurzfristig die bestehenden Differenzen. Auch der am 11./12. Dezember 1937 unter Teilnahme von Gumbel gegründete »Bund freiheitlicher Sozialisten« (Vorsitzender: Heinrich Mann), ein Zusammenschluss antifaschistischer parteipolitisch nicht gebundener Intellektueller mit dem Ziel, wenigstens bei den Intellektuellen den Volksfrontgedanken zu retten, vermochte es nicht, die bestehenden Differenzen aufzulösen. Auch Gumbel, der den Bund noch Anfang 1938 sowohl bei den Kommunisten als auch bei Sozialdemokraten repräsentierte,[219] konnte die Vertreter der beiden

217 Diese wurde nach dem Ort des Treffens, dem Pariser Hotel Lutetia, benannt. Vgl. auch Eva Gottschaldt, Antifaschismus und Widerstrand. Der Kampf gegen den deutschen Faschismus 1933-1945. Ein Überblick, Heilbronn 1985, S. 60-64, die die Gründe für das Scheitern der Volksfrontbewegung ohne einseitige Be- bzw. Verurteilungen analysiert.

218 Vgl. Brenner, »Hirngespinste«, S. 136 ff. sowie Ursula Langkau-Alex, Deutsche Volksfront 1932-1939, Bd. 1, Berlin 2004, S. 341.

219 Vgl. Brenner, Emil J. Gumbel, S. 162.

Arbeiterparteien nicht für ein gemeinsames Handeln gewinnen. Die Einigungsbemühungen im Exil waren gescheitert; entmutigt und resignierend zog sich Gumbel wie viele andere Intellektuelle, Sozialisten und oppositionelle Kommunisten daraufhin zurück. Er, der gerade in den ersten Jahren des Exils noch zahlreiche Aufsätze und Aufrufe veröffentlicht hatte, publizierte nach 1938 nur noch wenige Arbeiten politischen Charakters. Stattdessen konzentrierte er sich zunehmend auf seine wissenschaftliche Arbeit als Mathematiker.[220]

Unmittelbar vor Kriegsbeginn unterstützte Gumbel ein von Münzenberg gegründetes Flüchtlingshilfe-Komitee, dem sich vor allem – gerade angesichts der Exzesse Stalins und dessen Bündnis mit Hitler – (politisch) heimatlos gewordene Kommunisten anschlossen. Nicht zuletzt die zunehmende Stalinisierung der Sowjetunion seit Mitte der dreißiger Jahre verstärkte die politische Niedergeschlagenheit Gumbels, der, so Christian Jansen, »bei aller Skepsis über den sowjetischen Weg zum Sozialismus (…) doch am historisch-materialistischen Fortschrittsdenken festgehalten (hatte), das nach der Einsicht in die reaktionär-nationalistischen Sehnsüchte der Deutschen nun auch noch durch den stalinistischen Terror ad absurdum geführt wurde.«[221] Auch in dieser eher praktisch orientierten Tätigkeit, Folge des Rückzugs aus den politischen Auseinandersetzungen – zur selben Zeit war Gumbel an der Gründung eines landwirtschaftlichen Flüchtlingsheims beteiligt, in dem Flüchtlinge aus Deutschland und Österreich Grundkenntnisse der Landwirtschaft erlernten – spiegelt sich die Spaltung der Arbeiterbewegung mit ihren katastrophalen Auswirkungen wider.

---

220 Vgl. Brenner, »Hirngespinste«, S. 138. Vgl. auch die Darstellung bei Jansen, Emil Julius Gumbel, S. 40-45.

221 Jansen, Emil Julius Gumbel, S. 67. Vgl. hierzu auch Wolfgang Abendroth, Die Aktualität der Arbeiterbewegung, Frankfurt a. M. 1985, S. 119, der auf die folgenreichen Auswirkungen der kommunistischen Politik (Abendroth bezieht sich auf die Ausschaltung der Sozialisten und Intellektuellen, die die Verketzerung der hingerichteten oder vertriebenen russischen Revolutionäre nicht billigten) und die damit verbundene (Selbst-)Isolation der KPD verweist.

Während Gumbel im Exil unermüdlich für die Freiheit von Menschen und die Freiheit der Wissenschaft eintrat und engen Kontakt zu den anderen antifaschistischen Intellektuellen hielt – er unternahm von Lyon aus mehrere Reisen nach Sanary-sur-Mer, einem bedeutenden Zufluchtsort deutscher Exilanten[222] – wurde im »Dritten Reich« eifrig nachgetreten. Nachdem Gumbel bereits in der 1935 erschienenen berüchtigten Hetzschrift »Die Juden in Deutschland«[223] neben Theodor Lessing[224] als weiterer »Fall« abgehandelt worden war, erschien im Zentralorgan des nationalsozialistischen Studentenbundes »Die Bewegung« eine fünfzehn Folgen (!) umfassende Serie »Herr Gumbel und die Kohlrübe. Auch eine Geschichte aus Alt-Heidelberg«, in der sich mit Karl Doerr einer der Rädelsführer, die für Gumbels Rauswurf gesorgt hatten, noch einmal selbstherrlich als »Märtyrer der Bewegung gegen das Judentum« in Szene setzte. Das üble Machwerk bestätigt alles bislang Geschriebene: Antisemitische Ausfälle, krude Agitationen gegen jede Form von Liberalismus, das »Unter-Druck-Setzen« der Universität, die Diskriminierung der Schriften Gumbels als »unterminierende Dolchstoßarbeit«, Anti-Intellektualismus, die Hetztiraden gegen »das System«, verbunden mit der Ankündigung, solange zu kämpfen, bis »der Geist Gumbels von allen Hochschulen verschwunden ist«, die Suche der Denunzianten nach »irgendeiner neuen Verfehlung«, die Inszenierung der Kampagnen« – alles für das von Doerr formulierte Ziel, wonach Gumbel »noch im alten System fallen (musste).« Kurz: der Professor, der für die Republik gekämpft

222 Wilhelm von Sternburg beschreibt in seiner Biographie über Lion Feuchtwanger das Leben in dem kleinen Ort westlich von Toulon, der gerade auf Künstler und Schriftsteller einen besonderen Reiz ausübte. Vgl. Wilhelm von Sternburg, Lion Feuchtwanger. Ein deutsches Schriftstellerleben, Berlin/Weimar 1994 (Ausgabe der Wiss. Buchgesellschaft Darmstadt), S. 370-378.

223 Vgl. Institut zum Studium der Judenfrage (Hrsg.), Die Juden in Deutschland, München 1935, S. 118-122 (»Der Fall Lessing«) und S. 122-137 (»Der Fall Gumbel«). Das herausgebende Institut war dem Propagandaministerium Goebbels angegliedert.

224 Zu Theodor Lessing vgl. Rainer Marwedel, Theodor Lessing 1872-1933. Eine Biographie, Darmstadt/Neuwied 1987.

hatte, war Opfer antihumanistischer Barbarei geworden, Opfer einer Front von Alt-Professorenschaft und Jungnazis, die ihren Sieg als »Schritt in ein sauberes Deutschland« feierten.

Mit der Besetzung Frankreichs durch das »saubere Deutschland« wurde Gumbel zur zweiten Emigration gezwungen. Gumbels Name und Adresse waren der Gestapo bekannt – er stand in dem entsprechenden Fahndungsbuch. Sarkastisch, aber realistisch hielt er in seinen Erinnerungen fest: »Wenn Herr Hitler und ich in Frankreich sind, muss einer das Land verlassen.« Über Spanien und Portugal gelang ihm die abenteuerliche Flucht in die Vereinigten Staaten, die von Einstein und anderen Freunden Gumbels aus den USA mit vorbereitet worden war.

Der Tragödie letzter Akt: Die Vereinigten Staaten (1940-1966)[225]

Am 11. Oktober 1940 erreichte Gumbel New York (seine Familie sollte ihm gut ein halbes Jahr später folgen) und war damit in Sicherheit.

In den folgenden Jahren bis 1946 lehrte er an der New School for Social Research in New York;[226] seit 1941 war er Mitglied des German American Council for the Liberation of Germany from Nazism. Nach dem Eintritt der USA in den Zweiten Weltkrieg arbeitete er mit anderen Emigranten (darunter auch Herbert Marcuse und Franz Neumann)[227] für das Office of Strategic Services (OSS), den Nachrichtendienst des Kriegsministeriums der Vereinigten Staaten. Für diesen fertigte er Analysen über sein ureigenes politisch-historisches Arbeitsgebiet, die geheimen Organisationen der Weimarer Republik an.

225 Vgl. hierzu ausführlich Brenner, Emil J. Gumbel, S. 165-187.

226 Die New School for Social Research galt als wichtiges Zentrum der vertriebenen deutschen Sozialwissenschaftler.

227 Vgl. Ulrich Borsdorf/Lutz Niethammer (Hrsg.), Zwischen Befreiung und Besatz. Analysen des US-Geheimdienstes über Positionen und Strukturen deutscher Politik 1945, Wuppertal 1976. Gumbel wird hier allerdings nicht erwähnt.

Die Geschehnisse von Heidelberg sollten Gumbel auch in den USA noch einholen. 1942 kam es zu einer Kontroverse zwischen ihm und Arnold Bergstraesser (»Bergstraesser-Affäre«), der aufgrund »jüdischer Abstammung« 1935 aus dem Staatsdienst entlassen worden und 1937 ebenfalls in die USA emigriert war – »ausgebürgert und doch angebräunt« (Rainer Eisfeld).[228] Ausgelöst durch einen Artikel Kurt Grossmanns (Grossmann war von 1926 bis 1933 Generalsekretär der deutschen Liga für Menschenrechte und wurde zusammen mit Gumbel ausgebürgert) »Wer ist Bergstraesser?« in der Exilzeitschrift »Der Aufbau«,[229] wurde die bereits weitgehend bekannte pronazistische Haltung des Heidelberger Staatswissenschaftler[230] (Bergstraesser war deswegen bereits zuvor vom FBI verhört und für kurze Zeit interniert worden[231]) detailliert belegt und dessen Rolle bei der

228 Vgl. Rainer Eisfeld, Ausgebürgert und doch angebräunt. Deutsche Politikwissenschaft 1920-1945, Baden-Baden 1991.

229 Vgl. Kurt R. Grossmann, Wer ist Arnold Bergstraesser?, in: Aufbau. Nachrichtenblatt des German-Jewish Club vom 23.1.1942, S. 5. Dem Artikel Grossmanns folgte am 27.3.1942 ein weiterer Beitrag von Maximilian Scheer, in dem eingehend aus Bergstraessers 1933 geschriebenem Buch »Nation und Wirtschaft« zitiert wurde. Zu Bergstraessers politischem Verhalten dieser Jahre – er galt als bevorzugter Doktorvater altgedienter NS-Studentenbundsfunktionäre, darunter Fritz Hippler (ab 1942 Reichsfilmintendant unter Goebbels) und Franz Alfred Six (ab 1939 Amtschef des Sicherheitsdienstes II) – vgl. auch Kilian Schultes, Die Staats- und Wirtschaftswissenschaftliche Fakultät, in: Wolfgang U. Eckart/Volker Sellin/Eike Wolgast (Hrsg.), Die Universität Heidelberg im Nationalsozialismus, Heidelberg 2006, 557-624.

230 Vgl. hierzu Sebastian Liebold, Arnold Bergstraesser und Fritz Caspari in Amerika, in: Frank Schale/Ellen Thümmler/Michael Vollmer (Hrsg.), Intellektuelle Emigration. Zur Aktualität eines historischen Phänomens. Festgabe für Alfons Söllner, Wiesbaden 2012, S. 89-110, hier S. 97.

231 Zu den Hintergründe dieser ersten Verhaftung vgl. Claus-Dieter Krohn, Der Fall Bergstraesser in Amerika, in: Exilforschung. Ein internationales Jahrbuch, Bd. 4: Das jüdische Exil und andere Themen, München 1986, S. 254-275, hier S. 260-263. Danach waren an dem Scripps-College, einem reinen Mädchen-College am Rande von Los Angeles, Gerüchte und (falsche) Verdächtigungen aufgekommen, wonach Bergstraesser, der dort unterrichtete, in amerikafeindliche Aktivitäten verwickelt sei. Diese führten dazu, dass Bergstraessers Vorleben in Deutschland untersucht und seine Sympathien gegenüber dem deutschen Faschismus bekannt wurden.

Entlassung Gumbels aufgezeigt.[232] Zwar wurde Bergstraesser daraufhin erneut verhaftet; einer seiner Fürsprecher, der deutsch-amerikanische Politikwissenschaftler Carl J. Friedrich (er gilt als einer der prominentesten Vertreter der sog. Totalitarismustheorie),[233] erklärte in einem Beitrag für das Justizministerium den Ausschluss Gumbels aus der Heidelberger Universität zu einem »im demokratischen Rechtsstaat ordnungsgemäß durchgeführte(n) Verfahren«. Gumbel, ein »extremistischer Linksradikaler«, sei der eigentliche Drahtzieher gegen Bergstraesser, der »Aufbau« eine »kommunistisch-dominierte Zeitung«.[234] Von Bergstraesser selbst wurden diese denunziatorischen wie falschen Hinweise, die die Vertreibung Gumbels nachträglich rechtfertigten, gegenüber dem FBI bekräftigt. Der ehemalige Heidelberger Inquisitor in Sachen Gumbel »verschleierte und beschönigte« damit, wie Harald Maier-Metz zurecht konstatiert, »seine zwielichtige Rolle im Übergang von der Weimarer Republik zum NS-Regime.«[235] Lothar Mertens hat in seiner Dissertation über Grossmann dessen wie Gumbels Rolle in dieser Angelegenheit wie folgt beschrieben: »Die häufig vertretene These, dass Grossmann im Auftrag oder zumindest mit Unterstützung von Emil Julius Gumbel diesen Fall publik machte, lässt sich aus den überlieferten Archivalien weder bestätigen, noch ganz ausschließen. Bei den häufigen persönlichen Kontakten mit dem ebenfalls in New York lebenden Gumbel wird Bergstraesser sicherlich häufiger ein Gesprächsthema gewesen sein.«[236] Verdenken könnte

232 Vgl. Schultes, Die Staats- und Wirtschaftswissenschaftliche Fakultät, S. 614.

233 Zu Friedrichs Totalitarismustheorie vgl. Hans J. Lietzmann, Politikwissenschaft im »Zeitalter der Diktaturen«. Die Entwicklung der Totalitarismustheorie Carl Joachim Friedrichs, Opladen 1999.

234 Vgl. grundlegend Krohn, Der Fall, S. 254-275 sowie Maier-Metz, Entlassungsgrund: Pazifismus, S. 195-201. Dort zahlreiche Hinweise auf die beschönigenden und entlastenden Selbstdarstellungen Bergstraessers.

235 Maier-Metz, Entlassungsgrund: Pazifismus, S. 197.

236 Lothar Mertens, Unermüdlicher Kämpfer für Frieden und Menschenrechte. Leben und Wirken von Kurt R. Grossmann, Berlin 1997, S. 167. Mertens führt an, dass wohl hauptsächlich Robert Kempner Grossmann über die Hintergründe des politischen Wirkens Bergstraessers informiert habe.

man Gumbel (mögliche) Interventionen in Sachen Bergstraesser gewiss nicht.

Golo Mann, der sich 1929 in Heidelberg immatrikuliert und ein Jahr später der »Sozialistischen Studentenschaft« angeschlossen hatte und Gumbel aus dieser Zeit gut kannte (er hatte sich bereits im Januar 1931 durch einen längeren, namentlich gekennzeichneten Leserbrief im Heidelberger Tageblatt für Gumbel eingesetzt[237]), zählte Bergstraesser denn auch noch 1942 zu den »Edel-Nazis« und »akademischen Wegbereitern der Katastrophe«.[238] Dessen späterer (zweiten) Karriere als Politikwissenschaftler in der Bundesrepublik sollte dies indes keinen Abbruch tun.

Auch für Gumbel hatte die »Bergstraesser-Affäre« ein Nachspiel, das ihn natürlich ungeheuer belastete. Eine Untersuchungskommission der New School for Social Research, an der Gumbel arbeitete, sollte der Frage nachgehen, ob Gumbel falsche Beschuldigungen gegen Bergstraesser erhoben hatte. Erneut wurde Gumbel somit diskriminiert, zum »Fall« eines universitären Untersuchungsausschusses. Doch anders als die Ausschüsse zuvor, sprach dieser ihn von allen Anschuldigungen frei.

Gumbel blieb nach dem Ende des Zweiten Weltkriegs in den USA, deren Staatsbürgerschaft er 1946 erhalten hatte (die französische Staatsbürgerschaft war ihm 1942 entzogen worden). Die ersten Jahre nach Kriegsende verliefen für ihn privat äußerst unglücklich. Keine Festanstellungen, daraus resultierende Existenzängste, der Tod seiner Frau (1952) – Gumbel befand sich in einer Art persönlicher Dauerkrise, die erst 1953 mit dem Erhalt der Professur für Ingenieurswesen an der Columbia University ihr Ende fand.

---

237 Vgl. Bernd Braun, Golo Manns Heidelberger Jahre – zwischen Karl Jaspers und Karl Marx, in: Markus Bitterolf/Oliver Schlaudt/Stefan Schöbel (Hrsg.), Intellektuelle in Heidelberg 1910-1933. Ein Lesebuch, Heidelberg 2014, S. 221-232, insbes. S. 228f.

238 Schreiben Golo Manns an E.J. Gumbel vom 6.4.1941, zitiert nach Krohn, Der Fall Bergstraesser, S. 270. Maier-Metz skizziert knapp und pointiert Bergstraessers pro-nazistische Haltung. Vgl. Maier Metz, Entlassungsgrund: Pazifismus, S. 197f.

In der Folgezeit widmete sich der Mathematiker ganz der Mathematik. 1958 veröffentlichte er sein Hauptwerk, »Statistic of Extremes«, mit dem er zum Begründer der sog. Extremwertstatistik avancierte.[239] Die von Gumbel in diesem Zusammenhang entwickelte »Gumbel-Formel« spielt bis heute in zahlreichen Anwendungsbereichen der Mathematik eine wichtige Rolle. So führte bspw. die verheerende Flutkatastrophe in den Niederlanden (1953) dazu, dass die Errichtung mächtiger Sturmflutwehre und die Erhöhung der Deiche (»Delta-Plan«) mit ihrer Hilfe vorgenommen wurde.

Die Bundesrepublik: Zweite Schuld (1945 ff.)

Die Namen Bergstraesser und Gumbel stehen paradigmatisch für das, was Ralph Giordano als »zweite Schuld«[240] bezeichnet hat: die mangelnde Aufarbeitung der Verbrechen und Entschädigung der Opfer sowie politische Entscheidungen, die es Mittätern und Wegbereitern ermöglichten, in der Bundesrepublik wieder in Amt und Würden zu gelangen.

Während Bergstraesser in Freiburg in den fünfziger Jahren (die Heidelberger Universität hatte, in Kenntnis der Einstellungen Bergstraessers um 1933, dessen Rückkehr und mögliche Wiedereinstellung

239 Vgl. Emil Julius Gumbel, Statistics of Extremes, New York 1958. Die Extremwert-Statistik geht davon aus, dass zu untersuchende Daten ein stochastisches Verhalten aufweisen und die Maxima bzw. Minima von unabhängigen und identisch verteilten Zufallsvariablen sind. Sie dient damit der Abschätzung möglicher extremer Zustände. Ihre praktische Anwendung findet die Extremwertstatistik bspw. bei der Berechnung von Niederschlagsmengen und Stauwehrhöhen hinsichtlich des maximal zu erwartenden Wasserdrucks, aber auch in der Versicherungswirtschaft bei der Beurteilung von Schadeneintrittswahrscheinlichkeiten. Zur gegenwärtigen Bedeutung der Extremwert-Statistik vgl. auch Hartmut Kuthan, Das Zufallsprinzip. Vom Ereignis zum Gesetz, Leipzig 2012.

240 Vgl. Ralph Giordano, Die zweite Schuld oder Von der Last Deutscher zu sein, Hamburg 1987.

verzögert bzw. »verschleppt«)[241] zu einem der einflussreichsten Politikwissenschaftler der frühen Bundesrepublik avancierte,[242] kämpfte Gumbel, dessen Versuche, nach Deutschland in Amt und Würden zurückzukehren, erfolglos blieben (auch die Heidelberger Hochschule blockierte eine mögliche Rückkehr!), zeitgleich um die Durchsetzung seiner Ansprüche auf Wiedergutmachung. Denn da er bereits 1932 entlassen worden war, war zunächst strittig, ob er überhaupt unter das »Gesetz zur Wiedergutmachung nationalsozialistischen Unrechts für Angehörige des öffentlichen Dienstes« fallen würde. Erst mit Hilfe seines Freundes Robert Kempner, dem stellvertretenden Anklagevertreter der Vereinigten Staaten bei den Nürnberger Hauptkriegsverbrecherprozessen, erstritt Gumbel nach langwierigen juristischen Auseinandersetzungen Wiedergutmachungszahlungen 1956, also über zehn Jahre nach der Befreiung vom Faschismus, schließlich die ihm zustehende Pension eines Ordinarius.[243]

Nach Europa kehrte Gumbel erstmals 1950 als Leiter einer Studienreise zurück. Er war in der Folgezeit als Gastprofessor an der Berliner Hochschule für Politik tätig, referierte auf Vortrags- und Konferenzreisen in der ganzen Welt. 1962 erschien im Heidelberger

241 Vgl. Schultes, Die Staats- und Wirtschaftswissenschaftliche Fakultät, S. 614, der vor allem in Alfred Weber den Gegenspieler zu Bergstraessers Ambitionen einer Rückkehr ausmacht.

242 Auf Parallelen zu Theodor Eschenburg, der neben Bergstraesser vor 1933 ein weiterer Gegner Gumbels war, wurde bereits oben verwiesen. Zu Eschenburgs Vita vor 1945 und zur seit gut fünf Jahren geführten Kontroverse um die Verleihung des nach ihm benannten Preises der Deutschen Vereinigung für Politische Wissenschaft (DVPW) vgl. Eisfeld (Hrsg.), Mitgemacht.

243 Karl Jaspers, der mit Gumbel seit Beginn der 50er Jahre wieder in brieflichem Kontakt stand, unterstützte Gumbel bei dessen Bemühungen nach Wiedergutmachung durch ein entsprechendes Schreiben an Gumbels Rechtsanwalt R. I. Levin. In diesem heißt es u. a. treffend: »Dieselben Kräfte, die Gumbel entfernen wollten vor dem Nationalsozialismus, sind wirksam gewesen in der Herrschaft des Nationalsozialismus.« Vgl. das Schreiben Karl Jaspers an R. I. Levin vom 2.3.1956, abgedruckt bei Karl Jaspers, Korrespondenzen. Politik – Universität, hrsg. von Carsten Dutt und Eike Wolgast, Göttingen 2016, S. 209 ff., hier S. 210.

Verlag Lambert Schneider (der Verleger hatte 1950 die Erstausgabe des Tagebuchs der Anne Frank herausgegeben) Gumbels Buch »Vom Fememord zur Reichskanzlei«, in der Gumbel noch einmal die wesentlichen Erkenntnisse seines politischen Schaffens zusammenfasste, den »dünnen aber blutigen Ariadnefaden der geheimen Rüstungen«, der vom Ersten Weltkrieg bis zum Zweiten Weltkrieg reichte.[244] Zugleich dokumentiert das Buch aber auch, dass Gumbel die im Exil entstandene Literatur genauso kannte wie die ersten Werke der bundesrepublikanischen Nachkriegszeit – nennenswerter Erfolg war dem Bändchen indes nicht mehr beschieden. Gumbel geriet immer mehr in Vergessenheit. Nur gelegentlich noch erinnerten sich Mitkämpfer der Weimarer Linken im Nachkriegsdeutschland an seine Veröffentlichungen. Lediglich die wiedergegründete Deutsche Liga für Menschenrechte ehrte Gumbel 1953 mit einem Empfang.

Noch für die seit Mitte der sechziger Jahre auf Betreiben von Studierenden stattfindenden Vorlesungsreihen zu den Zusammenhängen von Nationalsozialismus und Universität bzw. Wissenschaft, Formen einer ersten, wenn auch vorsichtigen universitären Beschäftigung mit der jüngsten Vergangenheit, war symptomatisch, dass Gumbel nicht Erwähnung findet. Karin Buselmeier stellte fest: »Weder wird sein 1932 im Vorgriff auf die späteren Säuberungsmaßnahmen der Nationalsozialisten geschehener Hinauswurf aus einer deutschen Universität auch nur erwähnt, noch taucht der Verfasser des Beitrags ›Die Gleichschaltung der deutschen Hochschulen‹ (1938) als Analytiker eben der Verhältnisse auf, die doch Gegenstand der Vortragsreihen sein sollten.«[245]

Gumbel verfolgte die politischen Debatten der Nachkriegszeit, engagierte sich zu Beginn der 50er Jahre gegen die Remilitarisierung Deutschlands und forderte stattdessen nicht zuletzt aufgrund seiner historischen Kenntnisse die grundsätzliche Demilitarisierung, laut Arthur Brenner bestimmt von dem Gedanken, »that the past would become the future«. Denn aus seiner Sicht bedeutete die Wiederbewaff-

244 Emil Julius Gumbel, Vom Fememord, S. 13.

245 Buselmeier, Vorwort, S. 31.

nung nichts anderes als »the strengthening of German nationalism with its worst consequences.«[246] »Vom Fememord zur Reichskanzlei«, sein letztes politisches Buch, schließt daher auch mit resignierenden Worten: »Die Entwaffnung Deutschlands, 1945 als letztes Ziel der Weltgeschichte und als Grundlage des Friedens verkündet, dauerte kaum sieben Jahre.«[247] Gumbel blieb seinen politischen Überzeugungen, die ihn in Heidelberg Amt und Würde gekostet hatten, bis zum Lebensende treu: Noch wenige Wochen vor seinem Tod engagierte er sich an der amerikanischen Columbia-Universität gegen den Vietnam-Krieg.

Von der Öffentlichkeit nahezu unbemerkt, verstarb Gumbel am 10. September 1966. Den einzigen Nachruf auf den am 10. September 1966 an Lungenkrebs Gestorbenen verfasste Willi Eichler, ein alter Kampfgefährte und Sozialdemokrat, in der von ihm herausgegebenen Zeitschrift »Geist und Tat«.[248] Er, der in der Weimarer Republik und im »Dritten Reich« als Republikaner und Pazifist Geschmähte, blieb, wie es Wolfgang Benz zu Beginn der achtziger Jahre formulierte, auch in der Bundesrepublik »als Vaterlandsverräter, Jude und Bolschewist verfemt und vertrieben, auch als Emigrant – und hier steht Gumbels Name für viele – suspekt«.[249]

Erst 1991, anlässlich seines 100. Geburtstages, rehabilitierte die Heidelberger Universität Gumbel mit einer Gedenkfeier, bei der die Unrechtmäßigkeit seiner Entlassung ausdrücklich festgestellt wurde. Auf der Homepage der Universität finden sich unter der Überschrift »Krieg gegen einen Pazifisten« u.a. folgende Hinweise: »Dass die inkriminierten, mit der Forschungs- und Lehrtätigkeit von Gumbel in keinem unmittelbaren Zusammenhang stehenden politischen Aktivitäten aus heutiger Sicht keinen hinreichenden Grund zu einer derarti-

246 Zitate nach Brenner, Emil J. Gumbel, S. 178.

247 Gumbel, Vom Fememord, S. 13.

248 Willi Eichler, Ein Mann des Geistes und der Tat, in: Geist und Tat. Monatsschrift für Recht, Freiheit und Kultur, Offenbach 1966. Eichler war führend an der Erstellung des »Godesberger Programms« der SPD beteiligt.

249 Benz, Emil J. Gumbel, S. 194.

gen Entscheidung geben würden, steht für mich vor dem Hintergrund der verfassungsrechtlich geschützten allgemeinen Meinungsäußerungsfreiheit außer Zweifel«, betonte der damalige Universitätsrektor Prof. Dr. Peter Ulmer. Der Historiker Prof. Dr. Eike Wolgast erklärte, trotz aller Gegenbeteuerungen habe die Universität damals ein Werturteil absolut gesetzt und »letztlich nicht die öffentliche Artikulation der politischen Gesinnung ihres Kollegen – und selbst darüber stand ihr kein Urteil zu –, sondern die Gesinnung selbst« bestraft. Einer der Nachfolger Gumbels auf dem Lehrstuhl für Statistik, Prof. Dr. Hartmut Kogelschatz, wies darauf hin, dass Gumbels wissenschaftliche Leistungen deutlich machten, »welchen großen Verlust die deutsche Wissenschaft durch den Entzug seiner venia legendi an der Universität Heidelberg im Jahre 1932 erlitt«.[250]

Wichtige Worte – aber hätte hier nicht Erwähnung finden müssen, dass Gumbel im Vergleich zur überwiegenden Mehrzahl seiner damaligen Kollegen die »Gesinnung« eines Republikaner und Demokraten vertrat? Und wer den »Verlust«, den die »deutsche Wissenschaft erlitt« (welch merkwürdige Beschreibung aktiven Verhaltens!) zu verantworten hatte? Dies blieb man dem Manne schuldig, der selbst immer Ross und Reiter beim Namen genannt hatte.

250 www.uni-heidelberg.de/universitaet/heidelberger_profile/historisch/gumbel.html (Abruf: 17.1.2016).

Kapitel VIII

Antifaschistische Aufklärung im besten Sinne

»Ich habe keinen Grund, meine Vergangenheit zu verheimlichen. Im Gegenteil: Alles, was ich gegen die Nazis geschrieben habe, halte ich noch heute für richtig, und wenn ich einen Grund habe, stolz zu sein, so ist es der, dass ich früher als andere die Gefahren, die Deutschland, Europa und der Welt drohten, erkannt habe.«[251]

Emil Julius Gumbel

Versucht man, das politische Wirken Gumbels zu bilanzieren und zu würdigen, so fällt als erstes – vor allem in dessen frühen Werken – das Dokumentieren von »Fällen« auf – auch, um die Opfer der Mord- und Gewalttaten vor dem Vergessen zu bewahren. Gumbel argumentiert mit Zahlen, verdichtet diese zu statistischen Reihen und Tabellen und versieht sie mit der moralischen Anklage. Nach den empirisch gehaltenen Kriegsdarstellungen liegt sein Arbeitsschwerpunkt zunächst im publizistischen Kampf gegen Nationalismus und Militarismus. Die Gefahren, die von diesen ausgehen, sieht er vorwiegend in der Perspektive innenpolitischer Verwerfungen. Seine Kritik zielt dabei auch auf die Justiz, die die Morde vertuscht, die Mörder deckt. Auch hier ist die Arbeitsweise Gumbels von äußerster Akribie gekennzeichnet. Walter Fabian, in der Weimarer Republik Journalist, linker Sozial-

251 Auszug des Geistes. Interview Gumbels für Radio Bremen (Gesprächspartnerin: Irmgard Bach), gesendet am 16.4.1959, zitiert nach Jansen, Emil Julius Gumbel, S. 77.

demokrat, Sozialist, Gewerkschafter, Mitglied der Deutschen Friedensgesellschaft und ein enger Mitarbeiter Gumbels, erinnert sich an dessen »ungewöhnlich gewissenhafte Arbeitsweise«, an die mehreren »tausend Arbeitsstunden, [die] hinter diesen Publikationen [standen]: »Alles, was ich nachzuprüfen hatte, lag bereits in seinen Dossiers, aber er wollte auch den kleinsten Irrtum ausschließen und seine Dokumentation so vollständig wie nur irgend möglich gestalten. Diese peinliche Exaktheit machte alle seine Publikationen unwiderlegbar: bei keiner seiner Schriften (...) konnte ihm je der geringste Fehler nachgewiesen werden (...).«[252]

Die Toleranz der deutschen Justiz gegenüber den Morden von rechts, so Gumbels explizit formulierte These, war zugleich ursächlich für deren hohe Anzahl.[253] Diese politisch fatale Milde der Judikative, darauf hat Christian Jansen verwiesen, erklärte Gumbel in der für ihn typischen Mischung aus psychologischen wie auch sozioökonomischen Bedingungsfaktoren (er hatte bekanntlich Nationalökonomie studiert) – hierin übrigens einigen Mitgliedern des frühen Frankfurter Instituts für Sozialforschung verwandt (Horkheimer/Fromm/Adorno), oder – wenn man den Begriff des Habitus verwenden will, den Arbeiten des französischen Soziologen Pierre Bourdieus nicht unähnlich. Politisch reflektieren sich in diesen Arbeiten zugleich die Kämpfe um die Ausgestaltung des Weimarer Staates, für den – für eine kurze Zeit – ein »Kräftegleichgewicht der Klassen« (so der Austromarxist Otto Bauer) bestimmend war. Mit der Veränderung der politischen Kräfteverhältnisse nach rechts, als markanteste Ereignisse sind hier die Putschversuche zwischen 1920 und 1923 zu nennen, verschiebt sich das politische Terrain. Bitter, aber keinesfalls resignierend, musste Gumbel daher 1922 feststellen, dass trotz seiner ungeheuren Aufklärungsarbeit »nicht ein einziger Mörder bestraft worden (war).«[254]

252 Walter Fabian, Vorwort, in: Emil Julius Gumbel, Vom Fememord zur Reichskanzlei, Heidelberg 1962, S. 5-9, hier S. 7. Zu Walter Fabian vgl. Abendroth, Die Aktualität der Arbeiterbewegung, S. 175-178.

253 Gumbel, Vier Jahre politischer Mord, S. 147.

254 Ebenda, S. 6.

Gumbel hatte als linker Sozialdemokrat zu Beginn der zwanziger Jahre die Probleme einer ungebrochenen Kontinuität der bürgerlichen Eliten im Staate und hierbei insbesondere die Rolle der Justiz thematisiert – politisch motiviert aus der Hoffnung möglicher Veränderungen heraus. Seine Kritik bezog sich nicht zuletzt auf die Sozialdemokratische Partei und vor allem ihren rechten Flügel um Friedrich Ebert, der die Integration der alten Eliten unter der Maxime von »Ruhe und Ordnung« vorangetrieben hatte. Mit den schwindenden Einflussmöglichkeiten der Sozialdemokratie auf den Weimarer Staat gerieten nun immer mehr die nationalistische Rechte und der wiedererstarkende Militarismus ins Blickfeld. Weil Gumbel die Möglichkeiten einer wirklich demokratischen (und sozialen) Republik – durchaus realistisch – immer geringer einschätzte (er sprach 1924/25 davon, dass Deutschland lediglich »oberflächlich« eine demokratische Republik sei; tatsächlich würden aber die alten militärischen Kräfte herrschen, die stark gegen den »inneren Feind«, die »Arbeiter und Republikaner« ausgerichtet seien[255]) verlagerte sich seine publizistische Schaffenskraft auf die Analyse der nationalistischen Geheimbünde, die im vor-staatlichen Terrain, also in den Vorhöfen der Macht agierten, später auf die »halb-staatlichen« Aktivitäten der »Schwarzen Reichswehr«.[256] Auch hier leistete Gumbel Aufklärung im besten Sinne: Gleichsam im »Alleingang«[257] (so Hans-Ulrich Wehler) deckt er die Aktivitäten und Organisationszusammenhänge des sich formierenden Rechtsradikalismus auf, dabei häufig sogar gegen weite Teile des politisch herrschenden Blocks agierend, der die heimliche Aufrüstung der »Schwarzen Reichswehr« und die illegale Teilnahme sog. Zeitfreiwilliger nicht nur tolerierte, sondern in der Regel sogar deckte und Aufklärer wie Gumbel, Hellmuth von Gerlach, Heinz Jäger, Fritz Küster, Otto Lehmann-Rußbüldt, Carl von Ossietzky, Paul von Schoenaich, Gerhart Se-

255 Vgl. Gumbel, Verschwörer, S. 260.

256 Vgl. hierzu grundsätzlich Frank Deppe, Politisches Denken zwischen den Weltkriegen, Hamburg 2003, insbes. S. 25-32.

257 Wehler, Deutsche Gesellschaftsgeschichte Bd. 4, S. 410.

ger unter anderem mit Prozessen wegen angeblichen Landesverrats überzog.[258]

Ungeheurer Mut gehörte dazu, als Ankläger gegen die »Schwarze Reichswehr«, die Fememörder und all die Putschisten und Rechtsbrecher auf den Plan zu treten. Gumbel stand ja fast allein gegen eine übermächtige Front, die – wie er besser als jeder andere wusste – vor nichts zurückschreckte.

Seit Mitte der 20er Jahre wurde Gumbel selbst zur Zielscheibe des universitären Rechtsradikalismus. Kein Wunder, hatte er sich doch durch seine Arbeiten all diejenigen zum Feind gemacht, über die er geforscht und berichtet hatte. Und das waren nicht wenige. Sie fanden sich vereint unter den diversen Aufrufen, in denen nicht nur seine Suspendierung (und damit der Entzug seiner materiellen Grundlagen) und Vertreibung, sondern selbst die Vernichtung seiner physischen Existenz gefordert wurde. Die gegen seine Person, seine Haltung und seine Auffassungen gerichteten Krawalle – militant und pöbelnd die Studenten, akademisch-hinterrücks zahlreiche Professoren – nahmen vorweg, wozu der Faschismus an der Macht fähig sein würde. Gumbel musste emigrieren.

Dass diese Auseinandersetzung Auswirkungen auch auf die publizistische Tätigkeit hatten, liegt auf der Hand, zumal im Exil die Möglichkeiten für politisch ambitionierte Veröffentlichungen zusätzlich stark eingeschränkt waren. Wenngleich Karl Holl in seiner Studie über den deutschen Pazifismus darauf verweist, dass sich das Exil besonders bedrückend bei jenen Pazifisten auswirkte, die unorganisiert waren, einer der kleinen Splitterpartei zwischen SPD und KPD angehörten oder »nur« Pazifisten waren;[259] das von Christian Jansen chronolo-

258 Vgl. Holl, Pazifismus, S. 184-189. Allein gegen Gumbel wurden 1924 drei Verfahren wegen Landesverrats eingeleitet.

259 Vgl. ebenda, S. 209. Es wäre eine eigene Untersuchung wert, diesen Überlegungen nachzugehen und aufzuzeigen, welche Spuren die von Frank Deppe beschriebenen Auswirkungen auf die Biographien der Angehörigen der Arbeiterbewegung (»Beschädigtes Leben – gebrochene Biographien«) gerade bei den politisch eher »heimatlosen« pazifistischen Exilanten hatten. Vgl. Frank Deppe, Politisches Denken im Kalten Krieg, Teil 2: Systemkonfrontation, Golden Age, antiimperialistische Befreiungsbewegungen, Hamburg 2008, S. 86-87.

gisch zusammengestellte Schriftenverzeichnis weist Gumbel auch für die Jahre der Emigration, vor allem die Jahre in Frankreich (1933 bis 1940), nicht nur als einen wissenschaftlich arbeitenden Mathematiker, sondern auch als einen in die deutschen Verhältnisse nun von außen politisch intervenierenden Intellektuellen aus.[260]

Versuchen wir eine politische Gesamtverortung. Gumbel war Antimilitarist und Pazifist, Pionier der Aussöhnung mit Frankreich und ein Kämpfer für die Verwirklichung der sozialen wie der bürgerlichen Menschenrechte. Er verstand sich stets als aufklärerischer Sozialist, angetrieben von hohen moralischen und ethischen Grundsätzen, hierin der stark moralisch begründeten Kapitalismuskritik von Paul Natorp verwandt.[261] Der Arbeiterbewegung war er dabei stets kritisch-distanziert verbunden: Seit 1917 Mitglied der USPD, kehrte er zu Beginn der zwanziger Jahre wieder in die SPD zurück, der er die Zusammenarbeit mit den rechtsradikalen Freikorps und die Politik der schleichenden Aufrüstung gleichwohl nie verzieh (dies erklärt auch seinen kurzfristigen Austritt 1928 als Protest gegen den geplanten Panzerkreuzerbau unter der sozialdemokratisch geführten Regierung Müller). Seit 1927 aktiv in der sozialdemokratischen Linken, der sog. »Klassenkampf-Gruppe«,[262] wird Gumbel mit dem Aufstieg der NSDAP zur Massenpartei zum Verfechter einer Einheitsfront von SPD, KPD, Gewerkschaften und den anderen Massenorganisationen

---

260 Vgl. Jansen. Emil Julius Gumbel, S. 411-428.

261 Zur stark ethisch begründeten Kapitalismuskritik Paul Natorps vgl. Richard Pippert, Paul Natorp, die Sozialpädagogik und die Sozialdemokratie, in: Dieter Kramer/Christina Vanja (Hrsg.), Universität und demokratische Bewegung. Ein Lesebuch zur 450-Jahrfeier der Philipps-Universität Marburg, Marburg 1977, S. 149-167.

262 Gumbel wurde als Autor der Halbmonatsschrift »Der Klassenkampf« geführt, die in der Laub'schen Verlagsbuchhandlung erschien. Dort veröffentlichte Gumbel auch sein Buch Vom Russland der Gegenwart, Berlin 1927. Vgl. entsprechende Hinweise bei Hanno Drechsler, Die Sozialistische Arbeiterpartei Deutschlands (SAPD). Ein Beitrag zur Geschichte der deutschen Arbeiterbewegung am Ende der Weimarer Republik (= Marburger Abhandlungen zur Politischen Wissenschaft Bd. 2), Meisenheim am Glan 1965, S. 21.

der Arbeiterbewegung. Aufgrund der Passivität der Sozialdemokratie gegenüber dem Anwachsen des Nationalsozialismus bzw. der Tolerierungspolitik gegenüber Brüning 1931 tritt er zur Sozialistischen Arbeiterpartei (SAP) über und wird anschließend im Umfeld des von Leonard Nelson gegründeten Internationalen Sozialistischen Kampfbundes (ISK) (diese »Splittergruppen« zwischen SPD und KPD waren gerade bei Intellektuellen besonders attraktiv) aktiv.[263] Denn der ISK verfolgte eine Politik der Einheitsfront (später: Volksfront), die sich gleichermaßen gegen die reformistische Politik der SPD wie die Spaltungspolitik der KPD und deren verhängnisvolle »Sozialfaschismusthese« richtete.[264]

Gumbel hatte keine Berührungsängste gegenüber Russland bzw. der Sowjetunion. So war er Mitglied der Gesellschaft der Freunde des neuen Russland und hielt bei der Gründung des »Bundes der Freunde der Sowjetunion«, dem er bis 1932 angehören sollte, 1928 den einführenden Vortrag, in dem er vor den imperialistischen Kriegsvorbereitungen warnte.[265] Obwohl er gegenüber den deutschen Kommunisten (für diese war er stets ein »bürgerlicher Intellektueller«), vor allem gegenüber deren Revolutionskonzeption, von Beginn an kritisch eingestellt war,[266] arbeitete er in der KPD nahestehenden Organisatio-

263 Vgl. die Hinweise bei Werner Link, Die Geschichte des Internationalen Jugendbundes (IJB) und des Internationalen Sozialistischen Kampfbundes (ISK). Ein Beitrag zur Geschichte der Arbeiterbewegung in der Weimarer Republik und im Dritten Reich, Meisenheim am Glan 1964. Leonard Nelson, mit Gumbel befreundet, hatte schon 1925 für Gumbel positiv votiert (ebenda, S. 251).

264 Vgl. auch Wolfgang Benz, Der deutsche Widerstand gegen Hitler, München 2014, S. 29-31, der in den kleinen, sich von der SPD abgespaltenen Gruppen (SAP, ISK und Neu Beginnen) die aktivsten Widerstandskämpfer der sozialdemokratischen bzw. sozialistischen Strömung ausmacht.

265 Vgl. Brenner, Emil J. Gumbel, S. 52.

266 Bereits auf der ersten öffentlichen Versammlung des Spartakus-Bundes am 21.11.1918 hatte sich Gumbel von der »Diktatur des Proletariats« explizit distanziert. Vgl. Emil J. Gumbel, Rede an Spartacus, abgedruckt bei Jansen, Emil Julius Gumbel, S. 192-194. In einem Artikel über den Bolschewismus (1922) äußerte Gumbel sowohl Kritik am bolschewistischen Weg (»Der Weg, den die Bolschewiki versucht haben, ist entsetzlich«) als auch

nen wie der »Roten Hilfe« (in dieser waren aber auch Sozialdemokraten sowie parteilose Wissenschaftler und Schriftsteller Mitglied).[267] Gleichzeitig kritisierte er den zunehmenden Stalinismus, wenn er sich für die Internationale Trotzki-Hilfe engagierte. Kurz: Gumbel war mehr politischer (und das bedeutete zwischen 1918 und 1945 oft auch »geografischer«[268]) Grenzgänger als organisatorisch »Linientreuer«, mehr »couragierter Zivilist« als »Parteisoldat«, mehr gesellschaftlicher Außenseiter[269] und autonomer Einzelkämpfer als (wie etwa Wolfgang Abendroth) in den Organisationen der Arbeiterbewegung und für diese »lebend«. Er war ein »politischer« Mathematiker, geachteter Statistiker wie emsig aufklärender Publizist (Gumbel war der am häufigsten politische Beiträge veröffentlichende Heidelberger Hochschullehrer[270]) –

an der parlamentarischen Demokratie. Seine politische Positionierung zielte in diesen Jahren augenscheinlich auf Rätekonzeptionen, die sich nicht an Russland orientierten. Vgl. Emil J. Gumbel, Der Bolschewismus, abgedruckt bei Jansen, Emil Julius Gumbel, S. 194-203.

267 Vgl. mit zahlreichen Bezügen zu Gumbel: Nikolaus Brauns, Schafft Rote Hilfe! Geschichte und Aktivitäten der proletarischen Hilfsorganisation für politische Gefangene in Deutschland (1919-1938), Bonn 2003.

268 Bestimmt durch die »Erschütterungen der Welt« innerhalb eines Zeitraums von nur 25 Jahren (1914/1939), d.h. a) der extremen Polarisierung innerimperialistischer Spannungen (1914-1918), b) der politischen Konstellation des Systemgegensatzes durch den Aufstieg der Sowjetunion (1917 ff.), c) der Zuspitzung sozialer Auseinandersetzungen innerhalb der europäischen Staaten (samt ihren ideologischen Verwerfungen) und d) der barbarischen Gegenbewegung des Faschismus (nicht nur in Deutschland), war der die französische, englische und russische Sprache beherrschende Gumbel teils freiwillig, teils unfreiwillig zu einem »Kosmopoliten« geworden, der sowohl in Moskau als auch in New York lebte bzw. leben musste.

269 Generalisierend, aber das grundsätzliche Spannungsverhältnis von intellektueller Autonomie und Partei bzw. Selbstständigkeit und Unterordnung treffend bezeichnend, Brenner, S. 62: »Leftist intellectuals were elitist and condescending toward the leadership of the socialist and communist parties.«

270 Vgl. Jansen, Professoren, S. 24, Tabelle 1. Danach veröffentliche Gumbel in seinen Heidelberger Jahren (1923-1932) durchschnittlich etwas über 15 politische Publikationen pro Jahr!

und damit insgesamt ein intellektueller Einzelgänger[271] im Spannungsfeld von Wissenschaft und Politik.[272]

Je nach wissenschaftlichem Erkenntnisinteresse (aber auch geprägt von der jeweiligen politischen Motivation) kann man daher bis heute in Gumbel den Pazifisten,[273] den libertären und antidogmatischen Radikaldemokraten mit »lebenslanger Distanz zu den Apparaten der großen Arbeiterparteien«,[274] den vertriebenen Exilanten,[275] den »Anti-Stalinisten«[276] oder den »kritisch solidarischen Sympathisanten der Sowjetunion«[277] entdecken. All diese Charakterisierungen treffen auf Gumbel zu, der je nach politischer Konstellation und den konkreten gesellschaftlichen Kräfteverhältnissen im »Zeitalter der Extreme« (Eric Hobsbawm) unterschiedliche politische Orientierungen in den Kontexten von Arbeiterbewegung und Pazifismus vertrat, dabei aber stets selbstständig denkender Sozialist blieb und sich in seiner Wahrheitssuche nie korrumpieren ließ. Jürgen Habermas hat das Wirken des Marburger Staats- und Politikwissenschaftlers Wolfgang Abendroth (dem man ähnliche Charaktereigenschaften und Haltun-

---

271 Vgl. Brenner, Emil J. Gumbel, S. 3: In einem FBI-Report von 1943 wurde Gumbel als »Ein-Mann-Partei«, »Individualist« und »einsamer Wolf« charakterisiert.

272 In mancherlei Hinsicht ähnelt der Lebenslauf Gumbels dem von Wolfgang Abendroth, der aber der Arbeiterbewegung biografisch (schon durch seine familiäre Sozialisation) wie politisch stärker verhaftet und verbunden war. Vgl. hierzu Deppe, Politisches Denken im Kalten Krieg, Teil 2, insbes. S. 102-111, sowie Andreas Diers, Arbeiterbewegung – Demokratie – Staat. Wolfgang Abendroth. Leben und Werk 1906-1948, Hamburg 2006.

273 So etwa Wette, Probleme des Pazifismus, S. 23.

274 Prononciert Christian Jansen, Emil Julius Gumbel – ein kluger Professor und renitenter Pazifist, der im Winter 1930/31 Studentenkrawalle auslöste, in: Bitterolf/Schlaudt/Schöbel (Hrsg.), Intellektuelle in Heidelberg, S. 129-139, hier S. 130.

275 Vgl. den Beitrag von Brenner, »Hirngespinste« über Gumbel im Exil.

276 So das Lexikon deutsch-jüdischer Autoren, Bd. 10, München 2002, S. 37.

277 Heinrich Hannover, Erinnerungen an einen vergessenen Freiheitskämpfer (Vorwort), in: Heither/Schulze, Die Morde von Mechterstädt, S. 9-12, hier S. 10.

gen wie Gumbel zusprechen kann) im Deutschland der Nachkriegszeit als das eines »Partisanenprofessor(s) im Lande der Mitläufer« bezeichnet, der als »unbequemer Zeuge gegen die eilfertige Amnesie der frühen Bundesrepublik« wirkte.[278] Emil Julius Gumbel gehörte zu den wenigen Partisanenprofessoren der Weimarer Republik, dem es – anders als Abendroth – aber nicht vergönnt war, schulbildend wirken zu können. Denn seine wissenschaftlichen Wirkungsmöglichkeiten waren sowohl durch den aufsteigenden Faschismus«, durch dessen Wegbereiter und Träger, als auch durch den Faschismus an der Macht – gerade auch im Bereich der Wissenschaft – verunmöglicht worden.

278 Vgl. Jürgen Habermas, Partisanenprofessor im Lande der Mitläufer, in: Die Zeit v. 29.4.1966 sowie ders., Wolfgang Abendroth zum 100. Geburtstag, in: Hans-Jürgen Urban/Michael Buckmiller/Frank Deppe (Hrsg.), »Antagonistische Gesellschaft und politische Demokratie«. Zur Aktualität von Wolfgang Abendroth, Hamburg 2006, S. 21-24, hier S. 23.

Kurt Tucholsky über Gumbel

E. J. Gumbel hat im Verlag Neues Vaterland ein kleines Buch erscheinen lassen: »Zwei Jahre Mord«. Es ist die wichtigste Publikation der letzten drei Jahre.

E. J. Gumbel hat die politischen Mordtaten der Jahre 1918 bis 1920 kühl und sachlich gesammelt, alle, die von rechts und die von links, und er hat gleichzeitig ihre gerichtliche Aburteilung aufgezeichnet. Die Vorarbeiten machen den Eindruck der lobenswertesten Sorgfältigkeiten; es ist nirgends ein Anhalt dafür zu finden, dass der Verfasser Tatsachen umgekrempelt hat, um irgendeinen Standpunkt zu verfechten. (…) Was dargestellt wird, ist einwandfreies Material. (…) Eine gerissene politisierende Industrie hielt die Freicorps aus, die ungeheure Mittel verschlangen – und nun griff das in die politischen Wirren ein. Diese Soldateska hat sich – und das nachgewiesen zu haben ist das unschätzbare Verdienst E. J. Gumbels – gegen die eignen Landsleute schlimmer als die Neger benommen. (…) Gumbels Buch kam zur rechten Zeit. Mit dem Vertrauen der anständigen Leute in die politische deutsche Rechtsprechung dürfte es nunmehr endgültig vorbei sein. (…) Lest dieses Buch von der deutschen Schande! Von der Schande unsres Militärs und von der Schande unsrer Justiz!

(Kurt Tucholsky (Ignaz Wrobel), Das Buch von der deutschen Schande, in: Weltbühne vom 8.9.1921, S. 237-242)

[Zu Gumbels 1924 veröffentlichtem Buch »Verschwörer« und der zeitgleich einsetzenden Rufmordkampagne gegen den Professor]

Einen Mann, der den Mord im politischen Leben verfolgt, moralisch zu verurteilen, mag einem Heiligen erlaubt sein; nicht aber Leuten, die jeden Wachtmeister im Kriege zum Ehrendoktor gestempelt, und die das Schlimmste in gemeiner Kriegshetze geleistet haben. (…) Die Theologen, die den lieben Gott zum Bezirkskommandeur machten; die Juristen, die nachwiesen, dass der deutsche Rechtsbruch in Belgien kein Rechtsbruch sei; die Mediziner, die dem deutschen Volk vorlogen, Hungern (der Andern) sei gesund (…); die Philosophen, die ihre lächerlichen Philosopheme nicht erst zu schütteln brauchten, bis die Moral dieser Staaten herausfiel –: sie sind wohl nicht ganz berufen, zu richten. Die von Gumbel »Betroffenen« sind Mörder und Mordgesellen. Dass die Fakultät deren Empfinden versteht, ist begreiflich. Dass sie aber wagt, von einem geistigen Niveau zu sprechen, unter dem sie seit etwa hundert Jahren ihrem Kärrnerbetrieb nachgeht, muss doch wohl zurückgewiesen werden. Dr. Gumbel darf stolz auf sein Werk sein – was die Gutachten der Beamten angeht, so steht er über ihnen. (…)

(Kurt Tucholsky (Ignaz Wrobel), Das geistige Niveau, in: Weltbühne vom 30.6.1925, S. 977-978)

Das Beste, das ich in der letzten Zeit über Russland gelesen habe: E.J. Gumbel »Vom Russland der Gegenwart (E. Laubsche Verlagsbuchhandlung in Berlin). Hundert Seiten – aber das hats in sich.

Man muss, sagt Gumbel, Russland mit sich selbst vergleichen: das Land vor dem Kriege und das Land nach dem Kriege – dann kommt man vielleicht zu einem Resultat. (…) »Von allen anderen Staaten unterscheidet sich nun der russische dadurch, dass er diese Fiktion [gemeint ist die Demokratie, D.H.] aufgibt und seine klassenmäßige Struktur offen zugibt. Das gilt auch für seine Rechtsprechung.« Und da es eine Gesellschaftsstruktur ist, die wir bejahen, so bejahen wir auch den Mut, mit der die Folgerungen gezogen sind. Aber Gumbel ist durchaus nicht so begeistert, wie die übereifrigen Reisenden, deren Hallo stets ein bisschen kindlich anmutet: die guten Russen!

Und alles so schön sauber! Und so gerecht! Die haben Sonne im Herzen... Gumbel hat Verstand. (...) Scharfe Schilderungen aus dem Leben der Strafgefangenen; scharfe Kritik an der russischen Presse: »Das Bild, das die russischen Zeitungen vom kapitalistischen Europa entwerfen, ist genau so grotesk verzerrt, wie das Bild, das die meisten europäischen Zeitungen von Russland bieten.«

(Kurt Tucholsky (Peter Panter), Auf dem Nachttisch, in: Weltbühne vom 6.12.1927, S. 861-862)

Irgendwie bezeichnend für die deutsche Justiz ist ein geradezu vernichtendes Buch: »Verräter verfallen der Feme« von E. J. Gumbel, Berthold Jacob und Ernst Falck (erschienen im Malik-Verlag zu Berlin). Da bleibt einem der Atem weg.

Natürlich vor Schmerz, Wut und Trauer. Nicht so sehr, was da geschehen ist, reizt auf – das wissen wir alle. (...) Was so aufreizt, ist die Behandlung, die diese rohesten aller Verbrechen durch die deutsche Polizei und die deutsche Justiz gefunden haben. (...) Dass und wie aber die Richter reagiert haben, das darf denn doch wohl schändlich genannt werden. Man sehe sich diese Liste am Schluss des sorgfältigen und ruhig geschriebenen Werkes an; bestraft ist kaum einer der Mörder, von den Anstiftern und Beteiligten sind fast alle amnestiert. Während noch Hunderte von kommunistischen Arbeitern, ja sogar noch Kriegs»verbrecher« aus der Kriegszeit in den Zellen sitzen, laufen diese Burschen, die gekillt haben, frei herum und lachen sich einen. Mit Recht. Die tiefe Blutsverwandtschaft zwischen diesen Richtern und allem, was Militär heißt, ist evident; man hat das ja wieder aus den letzten Prozessen gegen die Nazis gesehen.«

(Kurt Tucholsky (Peter Panter), Auf dem Nachttisch, in: Weltbühne vom 11.2.1930, S. 248-252)

Kapitel IX

Gumbels Bedeutung im 21. Jahrhundert

Der Marburger Politikwissenschaftler Frank Deppe hat vor wenigen Jahren auf Positionen in geschichtspolitischen Auseinandersetzungen hingewiesen, die dazu beitragen, »die Tatsache aus dem Bewusstsein zu löschen, dass der deutsche Imperialismus im 20. Jahrhundert besonders aggressiv und menschenfeindlich, für die beiden Weltkriege und die Verbrechen, die in ihrem Zusammenhang begangen wurden, verantwortlich« und die Tradition des preußischen Militarismus und Absolutismus (...) stets auch durch diese Verbrechen diskreditiert (war).«[279] In seiner 2014 veröffentlichten Studie zur neuen realistisch-imperialen deutschen Außenpolitik konstatiert er einen Zusammenhang zwischen einer solchen Geschichtsschreibung, der gegenwärtig zu beobachtenden Geschichtspolitik und einem außenpolitischen Paradigmenwechsel. Diskurse hätten sich verschoben, Intellektuelle (darunter zahlreiche Mitglieder der Grünen) Kehrtwendungen vollzogen.[280]

279 Frank Deppe, Der »Antimachiavell« des Friedrich II. Supplement der Zeitschrift Sozialismus H. 1 (2013), Hamburg 2013, S. 1 f.

280 Vgl. Frank Deppe, Imperialer Realismus? Deutsche Außenpolitik: Führungsmacht in »neuer Verantwortung«, Hamburg 2014. In einer Replik auf eine Rezension seines Buches durch Uli Cremer formuliert Deppe (Sozialismus H. 3 (2015), S. 63-66, hier S. 66), dass gerade radikale Wendungen von Intellektuellen »einen besonders skrupellosen Typus des Machtpolitikers hervorgebracht haben, der gegenüber den Herrschenden im Zentrum der Macht auch deshalb besonders unterwürfig ist, weil er immer noch alte Schuld abtragen muss.«

Der historische Bezugspunkt der gegenwärtigen »Historiker-Debatte« ist das Terrain Gumbels: der deutsche Imperialismus mit seinen beiden Versuchen des »Griffs nach der Weltmacht« (Fritz Fischer). Die durch die Arbeiten des Hamburger Historikers Fischer längst überwunden geglaubte These vom »Hineinschlittern« in den Ersten Weltkrieg werde, so der Historiker Wolfram Wette, gegenwärtig wieder aufgetischt, die Köpfe würden »erneut vernebelt«.[281] Debatten über dessen wirkliche Ursachen finden nicht statt; zu beobachten ist dagegen der Versuch einer Minimierung bzw. Revision gerade der deutschen Kriegsschuld – verwiesen werden soll hier vor allem auf die Studien von Christopher Clark (»Die Schlafwandler«)[282] und Herfried Münklers (»Der Große Krieg«).[283] Um strukturelle Zusammenhänge von Imperialismus, Nationalismus und Militarismus, von Ökonomie, Politik und Ideologie, von Innen- und Außenpolitik geht es heute im Mainstream der Geschichtswissenschaft immer weniger. Um es mit Klaus Wernecke zu formulieren: »In der neuen deutschen Apologie der wilhelminischen Führungsschichten ist die Rolle des preußisch-deutschen Militarismus in Politik und Gesellschaft zu einer Randerscheinung verkommen.«[284]

Im Hinblick auf den Fortlauf der Geschichte, die Weimarer Republik, ist zudem von Bedeutung, dass Münkler die (radikal-)konservativen Sammlungsbestrebungen, die vaterländischen Vereine und Verbände bei der Blockierung einer Demokratisierung der Gesellschaft, die mit volksgemeinschaftlicher Rhetorik und massenwirksam am Ende des Kriegs und zu Beginn der Republik agierten, im Dunkeln belässt. Sicherlich war der Militarismus ein gesamteuropäisches Phänomen; aber

281 Vgl. Wette, 1914: Der deutsche Wille zum Zukunftskrieg, S. 42, sowie ders., Seit hundert Jahren umkämpft: Die Kriegsschuldfrage, in: Blätter für deutsche und internationale Politik, H. 9 (2014), S. 91-101.

282 Vgl. Christopher Clark, Die Schlafwandler. Wie Europa in den Ersten Weltkrieg zog, München 2013.

283 Herfried Münkler, Der Große Krieg. Die Welt 1914 1918, Berlin 2013.

284 Klaus Wernecke, Die Zukunft der Vergangenheit. Weltkriegsjubiläum, neue Geschichtsdeutung und Neue Deutsche Macht, in: Sozialismus H. 4 (2014), S. 14-21, hier S. 17.

»nirgendwo«, so Heinrich August Winkler, »prägte er die Gesellschaft so stark wie im wilhelminischen Deutschland. Kriegsparteien gab es überall, aber in keinem anderen europäischen Land war ihr sozialer Rückhalt und ihr politischer Einfluss so breit wie im Deutschen Reich.«[285] Ihr Wirken nach 1918 steht im Fokus der Forschungen Gumbels.

Zurecht hat der Gewerkschafter Detlef Hensche, langjähriger Vorsitzender der IG Medien, angesichts derartiger Geschichtsdebatten über die Katastrophen des 20. Jahrhunderts von einer »wundersamen Freisprechung der deutschen Eliten von politischer Verantwortung« gesprochen. Die vorliegenden »Neuinterpretationen« fügten sich in die Zeit und hätten zum Ziel, den »deutschen Weg« in die Normalität zu ebnen.[286] »Normalität« figurierte dabei schon seit längerem zu einem Synonym von »Entlastung« bzw. Entlassung aus dem »Bann der Jahre 1933 bis 1945« (so der Historiker Michael Stürmer), dem »Heraustreten aus dem Schatten Hitlers« (so der Politik Franz Josef Strauß).[287] Der Wunsch nach historisch-politischer Entlastung, nach einer »Entsorgung der Vergangenheit« (so Jürgen Habermas) sitzt bei den Eliten augenscheinlich tief: Er scheint dabei, so Volker Ullrich, »umso übermächtiger zu werden, je mehr Deutschland aufgrund seiner ökonomischen Stärke eine führende Rolle in Europa spielt.« Münklers in der Süddeutschen Zeitung wiedergegebene Aussage, wonach »sich kaum eine verantwortliche Politik in Europa betreiben (lässt), wenn man die Vorstellung hat: Wir sind an allem schuld gewesen«, zeige die Richtung, in die es derzeit gehe, in »erfrischender Deutlichkeit.«[288]

---

285 Heinrich August Winkler, Die Hundert-Männer-Geschichte. Deutschland, der Erste Weltkrieg und die Schuldfrage: Eine Erwiderung, in: Süddeutsche Zeitung vom 29.8.1914.

286 Detlef Hensche, Ein deutscher Sonderweg – und ob!, in: Blätter für deutsche und internationale Politik, Heft 11 (2014), S. 33-36, hier S. 36.

287 Vgl. Reinhard Kühnl, Ein Kampf um das Geschichtsbild: Voraussetzungen – Verlauf – Bilanz, in: Ders. (Hrsg.), Vergangenheit, die nicht vergeht. Die »Historiker-Debatte«. Dokumentation, Darstellung und Kritik, Köln 1987, S. 200-291 (Zitate S. 218).

288 Volker Ullrich, Nun schlittern sie wieder. Mit Clark gegen Fischer: Deutschlands Konservative sehen Kaiser und Reich in der Kriegsschuldfrage endlich rehabilitiert, in: Die Zeit vom 24.1.2014.

Gumbel steht den diversen Entlastungsbemühungen in mehrfacher Hinsicht im Weg:

- Zum einen zeigen seine Forschungen über den national(sozialistisch)en Untergrund der knapp fünfzehn Jahre zwischen Novemberrevolution und »Machtergreifung« die Zusammenhänge von Ideologie und Tat, Schlips und Stiefel, konkret: von völkischem Denken, »Konservativer Revolution« und der Ideologie des Faschismus auf der einen, und ihren sozial-organisatorischen Ausdrucksformen wie Frontsoldaten, Freikorps, Einwohnerwehren, schlagende Studentenverbindungen und den Freiwilligen der »Schwarzen Reichswehr« samt der Femeorganisationen bis hin zu den nationalsozialistischen Stoßtrupps auf der anderen Seite. Sein akribisches Arbeiten, seine wissenschaftliche Genauigkeit, sein Fleiß und sein Gespür für die Bedrohungen der Demokratie wären auch heute in der Abwehr rechtsradikaler Strömungen von großem Nutzen. All dies kann man von Gumbel lernen.
- Gumbel kann mit Blick auf die Jahre zwischen den Weltkriegen als einer, wenn nicht gar *der* bedeutendste Kenner und Kritiker der kriegerischen Kultur Deutschlands angesehen werden. Die Permanenz seiner Warnungen vor dem zweiten imperialistischen »Heißen Krieg« begründete seinerzeit den beschriebenen Hass des deutschen Militarismus auf ihn. Aber auch nach 1945, in den Zeiten von »Kaltem Krieg«, Restauration und Wiederbewaffnung, sollte er als ausgewiesener Links-Pazifist, zumal Exilant und »jüdischer Herkunft«, oft nur als »Störenfried« und »Nestbeschmutzer« wahrgenommen werden. Die bereits angesprochenen Bindungen an Staat und Nation befriedigten offensichtlich auch in der Bundesrepublik (ebenso wie in der ehemaligen DDR) Gemeinschaftssehnsüchte, in denen Pazifismus und »Kriegsdienstverweigerung« wenig Platz fanden. All dies mag Gumbels Bedeutungsverlust in den ersten Jahren der Bundesrepublik erklären.
- Drittens zeigt Gumbels Biographie das Versagen jener Kräfte auf, die wie die »ganz normalen Deutschen« (Studenten, Professoren, Bürger, konservative wie liberale Politiker) in »ganz normalen Organisation« (Universitäten und Parteien) sich – freilich oft unter

dem Druck des Präfaschismus – aktiv (und wie die Ereignisse in Heidelberg seit 1930 dokumentieren) gegen Ende der Weimarer Periode immer stärker an der Zerstörung der Republik und der Vorbereitung des Faschismus beteiligten.[289] Insofern kann sein Schicksal gerade auch auf die Bedingungen des Formenwandels bürgerlicher Herrschaft – vor allem in Krisenzeiten – bezogen werden,[290] zugleich aber auch vor Pauschalisierungen bewahren, wonach »die Deutschen« Hitler die Macht übertragen und anschließend Krieg geführt hätten. Pauschalisierungen, die für die gegenwärtigen Diskurse um eine neue deutsche Außenpolitik eine enorme Bedeutung haben.[291] Dies lässt sich an Gumbel lernen.

- Gumbels Biographie dokumentiert zudem die theoretischen Fehleinschätzungen und die auf diesen fußende politische Praxis der Arbeiterbewegung, die zum Versagen in der Abwehr des Faschismus und damit zu dessen Ermöglichung führte, also die Nicht-Nutzung der antifaschistischen Potentiale (»passive Schuld«).[292] Gerade mit Hinblick auf die Geschichte der deutschen Sozialdemokratie versperrt Gumbel Wege apologetischer Geschichtsschreibung, zeigt er doch, »dass die politischen Repräsentanten der Republik in den ersten Jahren selbst die Weichen gestellt haben für ihre spätere Abschaffung.«[293]
- Als letztes schließlich zeigen sich durch Vergleiche von Gumbels

289 Vgl. Stefan Kühl, Ganz normale Organisationen. Zur Soziologie des Holocaust, Frankfurt a.M. 2014, insbes. S. 7-46 (Einleitung).

290 Vgl. Reinhard Kühnl, der den Faschismus als »Radikallösung« der Krise der bürgerlichen Gesellschaft interpretierte: Reinhard Kühnl, Formen bürgerlicher Herrschaft, Liberalismus – Faschismus, Reinbek bei Hamburg 1971, S. 77ff.

291 Vgl. hierzu Frank Deppe, Imperialer Realismus, der die Diskurse um diese neue Ausrichtung der deutschen Außenpolitik gerade mit Blick auf die »in den Vorhöfen der Macht« stattfindenden Geschichtsdiskurse beschreibt und analysiert (S. 41-62). Das von ihm beobachtete Konvertieren gewisser Intellektuellenkreise zum Bellizismus traf auf Gumbel gewiss nicht zu.

292 Vgl. hierzu Reinhard Kühnl, Die Weimarer Republik, Reinbek bei Hamburg 1985, S. 222-236.

293 Buselmeier, Vorwort, S. 9.

vita mit den Biographien seiner Kontrahenten auch die Folgewirkungen einer unzureichenden »Vergangenheitsbewältigung«, die folgenschweren Hypotheken des »Nachlebens des Nationalsozialismus in der Demokratie« (Adorno): Während Gumbels Aufenthalt im US-amerikanischen Exil nach 1945 durch die Verweigerung einer Professur in Heidelberg sowie an anderen deutschen Hochschulen de facto gleichsam verlängert wurde, begründeten mit Theodor Eschenburg und Arnold Bergstraesser zwei seiner einstigen Gegner, die zu dessen Vertreibung nicht nur geistig bzw. ideologisch, sondern auch praktisch-politisch beigetragen hatten, die Politikwissenschaft der Bundesrepublik als »demokratische Wissenschaft« bzw. als Wissenschaft von der politischen Bildung neu. Welch eine Ironie der Geschichte!

Die Relevanz Gumbels im 21. Jahrhundert bezieht sich aber auch auf den Mathematiker und Statistiker. Seine Berechnungen der Wahrscheinlichkeiten für das Eintreten von Extremereignissen – er selbst sprach 1959 in dem bereits erwähnten Interview mit Radio Bremen von einer »Theorie der Dürre und der Überschwemmungen« – dürften angesichts des Klimawandels und der damit einhergehenden Naturkatastrophen zukünftig an Bedeutung gewinnen. Rezipiert werden sie in diesen Zusammenhängen gegenwärtig allemal.

Harrison Layton, enger Freund Gumbels, formulierte als letzten Gruß an dessen Grab: »Sein ganzes Leben kämpfte er für seine Vorstellung von Wahrheit. Keinen Moment hörte er auf, sich in den Streit für die Sache der Freiheit und Demokratie einzumischen. Er war eine Art Don Quixote, der immer nach neuen Windmühlen suchte. (…) Er war ein unermüdlicher Arbeiter, weil ihm Spaß machte was er tat. (…) Wenn Beruf und Interessen zusammenfallen, existiert eine Basis für wirkliches Glück. Dies galt für Gumbel.«[294]

Gerade unsere heutige Zeit mit ihren sanften Zwängen zur Konformität bedarf Persönlichkeiten von der wissenschaftlichen und charakterlichen Standhaftigkeit eines Emil Julius Gumbel.

---

294 Zitiert nach Jansen, Emil Julius Gumbel, S. 76f.

Verzeichnis ausgewählter Literatur[295]

Literatur von Emil Julius Gumbel

Gumbel, Emil Julius: Vier Jahre Lüge (= Flugschrift Nr. 5 des Bundes Neues Vaterland), Berlin 1919

Gumbel, Emil Julius: Zwei Jahre Mord, Berlin 1921

Gumbel, Emil Julius: Vier Jahre politischer Mord, Berlin 1922 (Neuauflage Heidelberg 1980)

Gumbel, Emil Julius: Das Stahlbad des Krieges. Statistische Untersuchungen, Berlin 1924

Gumbel, Emil Julius (Hrsg.): Die Denkschrift des Reichsjustizministers über »Vier Jahre politischer Mord«, Berlin 1924

Gumbel, Emil Julius: Verschwörer. Zur Geschichte und Soziologie der deutschen nationalistischen Geheimbände 1918-1924, Wien 1924 (Neuauflage Frankfurt 1984)

Gumbel, Emil Julius: Vom Rußland der Gegenwart, Berlin 1927

Gumbel, Emil Julius: »Verräter verfallen der Feme!« Opfer/Mörder/Richter (1919-1929), Berlin 1929

Gumbel, Emil Julius: »Lasst Köpfe rollen«. Faschistische Morde 1924 – 1931 (Flugschrift), im Auftrag der Deutschen Liga für Menschenrechte dargestellt, Berlin 1931

Gumbel, Emil Julius: Freie Wissenschaft. Ein Sammelbuch aus der deutschen Emigration, Strasbourg 1938

---

295 Aufgenommen wurde nur die wichtigste Literatur. Weitere Hinweise finden sich in den entsprechenden Anmerkungen.

Gumbel, Emil Julius: The Professor from Heidelberg, in: William Allan Neilson (Hrsg.), We escaped, New York 1941, S. 28-57

Gumbel, Emil Julius: Vom Fememord zur Reichskanzlei, Heidelberg 1962

Ausgewählte Schriften von Emil Julius Gumbel

Gumbel, Emil Julius: Auf der Suche nach Wahrheit. Ausgewählte Schriften, versehen mit einem Essay von Annette Vogt, Berlin 1991

Jansen, Christian: Emil Julius Gumbel. Portrait eines Zivilisten, Heidelberg 1991 (mit zahlreichen Texten von Gumbel sowie einer ausführlichen Bibliografie der Texte Gumbels)

Deutsche Liga für Menschenrechte (mit Beteiligung Gumbels)

Deutsche Liga für Menschenrechte (Hrsg.), Weißbuch über die Schwarze Reichswehr, Berlin 1925

Acht Jahre politische Justiz. Eine Denkschrift der Deutschen Liga für Menschenrechte, Berlin 1927

Literatur über Emil Julius Gumbel

Benz, Wolfgang: Emil J. Gumbel, Die Karriere eines deutschen Pazifisten, in: Ulrich Walberer (Hrsg.), Bücherverbrennung in Deutschland und die Folgen, Frankfurt a. M. 1983, S. 160-198

Brenner, Arthur D.: Emil J. Gumbel. Weimar German Pacifist and Professor, Boston/Leiden 2001

Brenner, Arthur D.: »Hirngespinste« oder moralische Pflicht? Emil J. Gumbel im französischen Exil 1932 bis 1940, in: Exilforschung. Ein internationales Jahrbuch, Bd. 8: Politische Aspekte des Asyls, München 1990, S. 128-141

Buselmeier, Karin: Vorwort zur Neuausgabe, in: Emil Julius Gumbel, Verschwörer. Zur Geschichte und Soziologie der deutschen nationalistischen Geheimbünde 1918-1924, Heidelberg 1979 bzw. Frankfurt a. M. 1984 (2. Auflage), S. 7-31

Jansen, Christian: Der »Fall Gumbel« und die Heidelberger Universität 1924-32, Heidelberg 1981 http://www.ub.uni-heidelberg.de/helios/fachinfo/www/math/txt/Gumbel/jansen.pdf

Jansen, Christian: Emil Julius Gumbel – ein kluger Professor und renitenter Pazifist, der im Winter 1930/31 Studentenkrawalle auslöste, in: Markus Bitterolf/Oliver Schlaudt/Stefan Schöbel (Hrsg.), Intellektuelle in Heidelberg 1910-1933. Ein Lesebuch, Heidelberg 2014, S. 129-139

Krohn, Claus-Dieter: Der Fall Bergstraesser in Amerika, in: Exilforschung. Ein internationales Jahrbuch, Bd. 4: Das jüdische Exil und andere Themen, München 1986, S. 254-275

Lange, Ralph: Von der »Affäre Gumbel« zum »Fall Wilbrandt«: die »Lustnauer Schlacht«. Ein Beitrag zur politischen Kultur der Universität Tübingen in der Weimarer Republik, in: Bausteine zur Tübinger Universitätsgeschichte, Folge 9 (1999), S. 29-54

Lersch, Franz Josef: Politische Gewalt, politische Justiz und Pazifismus in der Weimarer Republik. Der Beitrag E. J. Gumbels für die deutsche Friedensbewegung, in: Karl Holl/Wolfram Wette (Hrsg.), Pazifismus in der Weimarer Republik. Beiträge zur historischen Friedensforschung, Paderborn 1981, S. 113-134

Lexikon deutsch-jüdischer Autoren, Bd. 10, München 2002, S. 35-47

Maier-Metz, Harald: Entlassungsgrund: Pazifismus. Albrecht Götze, der Fall Gumbel und die Marburger Universität 1930-1946 (= Academia Marburgensis. Beiträge zur Geschichte der Philipps-Universität Marburg, Bd. 13), Münster/New York 2015

Literatur zur Geschichte Heidelbergs und seiner Universität

Buselmeier, Karin/Harth, Dietrich/Jansen, Christian (Hrsg.): Auch eine Geschichte der Universität Heidelberg, Mannheim 1985

Giovannini, Norbert: Zwischen Republik und Faschismus. Heidelberger Studentinnen und Studenten 1918-1945, Weinheim 1990

Jansen, Christian: Professoren und Politik. Politisches Denken und Handeln der Heidelberger Hochschullehrer 1914-1935, Göttingen 1992

Peters, Christian/Weckbecker, Arno: Auf dem Weg zur Macht. Zur Geschichte der NS-Bewegung in Heidelberg 1920-1934, Dokumente und Analysen, Heidelberg 1983

Wolgast, Eike: Die Universität Heidelberg 1386-1986, Berlin 1986

Sonstige Literatur

Büttner, Ursula: Weimar. Die überforderte Republik 1918-1933, Stuttgart 2008

Deppe, Frank: Politisches Denken im 20. Jahrhundert, Bd. 2: Politisches Denken zwischen den Weltkriegen, Hamburg 2003

Faust, Anselm: Der Nationalsozialistische Studentenbund Bd. 1 und 2, Düsseldorf 1973

Hannover, Heinrich / Hannover-Drück, Elisabeth: Politische Justiz 1918-1933, Frankfurt a. M. 1966

Heither, Dietrich / Schulze, Adelheid: Die Morde von Mechterstädt 1920. Zur Geschichte rechtsradikaler Gewalt in Deutschland, Berlin 2015

Hobsbawm, Eric: Das Zeitalter der Extreme. Weltgeschichte des 20. Jahrhunderts, München/Wien 1995

Holl, Karl: Pazifismus in Deutschland, Frankfurt a. M. 1988

Kaul, Friedrich Karl: Justiz wird zum Verbrechen. Der Pitaval der Weimarer Republik, Berlin 1953

Könnemann, Erwin / Schulze, Gerhard (Hrsg.), Der Kapp-Lüttwitz-Ludendorff-Putsch: Dokumente, München 2002

Kühnl, Reinhard: Die Weimarer Republik, Reinbek bei Hamburg, 1985

Kuttner, Erich: Warum versagt die Justiz?, Berlin 1921

Rosenberg, Arthur: Geschichte der Weimarer Republik, Frankfurt a. M. 1974[16]

Sauer, Bernhard: Schwarze Reichswehr und Fememorde. Eine Milieustudie zum Rechtsradikalismus in der Weimarer Republik, Berlin 2004

Theweleit, Klaus: Männerphantasien (2 Bände), Frankfurt a. M. 1977 und 1978

Wehler, Hans-Ulrich: Deutsche Gesellschaftsgeschichte Bd. 4: Vom Beginn des Ersten Weltkriegs bis zur Gründung der beiden deutschen Staaten 1914-1919, München 2003

Wette, Wolfram: Militarismus in Deutschland. Geschichte einer kriegerischen Kultur, Frankfurt a. M. 2011

Anhang

Dokument 1
Gustav Radbruch: Protest gegen einen Protest – Universität und der Fall Gumbel

Soll es so weitergehen? Soll die älteste deutsche Universität es an Rohheit der politischen Sitten allen andern Hochschulen zuvortun? Soll es dahin kommen, dass, wer nun einmal das Herz auf der linken Seite der Brust trägt, es verschmäht, diese giftgeschwängerte Luft noch länger zu atmen?

Niemand wird das Wort vom ›Feld der Unehre‹ billigen. Gumbel selbst hat es bedauert. Die Situation, in der es fiel, beweist zudem unwiderleglich, dass eine Herabsetzung der Kriegsgefallenen damit nicht beabsichtigt war – beabsichtigt war nur die ¨Achtung des Krieges. Victor Hugo hat in ganz ähnlichen Zeitverhältnissen, auch nach einem verlorenen (44) Kriege, auch in einem nationalistisch überreizten Volke, eine berühmte Rede mit den Worten geschlossen: ›Déshonorons la guerre!‹ ›Entkleiden wir den Krieg der Ehre!‹ Dieser Ausruf mag Gumbel bei jener Redewendung vorgeschwebt haben. Darf man in Deutschland den Krieg nicht mehr als das bezeichnen, was er durch den Kellogg-Pakt geworden ist: ein internationales Verbrechen? Und soll ein ungeschicktes Wort dem, der es aussprach, für Lebenszeit anhaften? In Wahrheit geht es längst nicht mehr um jenes Wort, das längst vergessen wäre, wenn es nicht immer wieder der Vergangenheit entrissen würde. Man hat es in der Protestversammlung ausgesprochen, dass Gumbels Enthüllungsfeldzüge gegen die politischen und Fememorde, gegen die Geheimrüstungen gemeint sind. Wegen seiner politischen Stellungnahme will man also einen Hochschullehrer von der Universität entfernt wissen?

Der Stahlhelm, die Nationalsozialisten, die Deutschnationalen haben in einer Zeitungsanzeige von der Notwendigkeit einer ›Säuberung der Hochschule‹ gesprochen: Darin liegt nicht nur eine ungeheure Beschimpfung der Universität, darin liegt auch eine Bedrohung aller derjenigen, die sich Gumbel in dem einen oder in dem andern Punkte gesinnungsverwandt fühlen. Mit Gumbel soll die Säuberung angefangen werden – wer weiß, mit wem sie enden soll?

Was heute dieser Politik begegnet, kann morgen gegen jede andere Politik gewendet werden. Nicht nur diejenigen, die Gumbels demokratische und pazifistische Überzeugungen teilen, vielmehr alle, denen an Freiheit der politischen Gesinnung gelegen ist, werden durch diese Wendung des Kampfes mit Gumbel in die gleiche Front gedrängt. Die Veranstalter der Versammlung haben die Zustimmung der Mehrheit der Professoren unserer Universität für sich in Anspruch genommen. Ich vermag nicht zu glauben, dass die Mehrheit der Heidelberger Professoren der Benachteiligung eines Hochschullehrers aus Gesinnungsgründen zuzustimmen geneigt wäre. Ich für meine Person will jedenfalls über meinen Platz in diesem Kampf keinen Zweifel lassen. Ich darf für mich in Anspruch nehmen, dass Achtung vor jeder Überzeugung mir tiefster Lebensgrundsatz ist, dass ich sie stets nicht nur gepredigt, sondern auch geübt habe. Ich habe das Recht, diese Achtung auch für unsere demokratischen und pazifistischen Überzeugungen zu verlangen. Ich verwahre mich entschieden dagegen, dass ein ›Aktionsausschuss nationaler Studenten‹ schon durch diese Namensgebung allen anderen Universitätsangehörigen die wahre nationale Gesinnung abspricht. Nicht nur gegen Gumbel richtet sich der Kampf. Er richtet sich eingestandenermaßen in erster Linie gegen das ganze System, das sich durch Gumbels Ernennung zum Professor kennzeichne[t]. Wir unsererseits sind stolz auf ein System, das den ›Sackträger in Ludwigshafen‹ in die höchste Staatsstelle erheben kann, wir ehren den Mann, der durch seine, auch von gerechten Gegnern anerkannte Tüchtigkeit auf diesen Platz gelangt ist, und wir vermerken mit Erstaunen, dass eine Partei, die sich Arbeiterpartei nennt, es einem Staatsmanne zum Vorwurf macht, dass er aus dem Arbeiterstande hervorgegangen ist. Ich kann nicht glauben, dass diese Versammlung den Geist der Jugend von 1930 kennzeichnet. Als wir jung waren, hieß Jugend Kampf für die Freiheit der Überzeugung, nicht für ihre Unterdrückung. Zur rechten Zeit ist auf der Bühne und im Tonfilm die Erinnerung an die Dreyfus-Affäre erneuert worden. Können die Worte, die dort in Emile Zolas Gestalt Heinrich George der Jugend zurief, ein wahrhaft jugendliches Herz unberührt lassen? Möchte sich mancher junge Mann dadurch veranlasst finden, Zolas herrlichen ›Brief an die Jugend‹ zu lesen, der beginnt mit dem Zeitbilde einer verirrten Jugend, die Patriotismus und Antisemitismus verwechselt und die Kämpfer für Recht und Wahrheit beschimpft, aber endet mit dem Appell an eine zukünftige, echte, wieder zu sich selbst gekommene Jugend:

›Wohin geht ihr, junge Menschen, wohin geht ihr, Studenten, die ihr durch die Straßen marschiert, die ihr eurer Empörung und Begeisterung Ausdruck gebt, die ihr in unsere Zwietracht den Mut und die Hoffnung eurer zwanzig Jahre werft?‹ ›Wir sind auf dem Marsche nach Menschlichkeit, nach Wahrheit, nach der Gerechtigkeit!‹«

Aus: Heidelberger Tageblatt vom 12.11.1930, zitiert nach Christian Jansen, Der »Fall Gumbel« und die Heidelberger Universität 1924-32, Heidelberg 1981, S. 32f., http://www.ub.uni-heidelberg.de/helios/fachinfo/www/math/txt/Gumbel/jansen.pdf

Dokument 2
Gumbels Schlusswort vor dem Untersuchungsausschuss (30.6.1932) (Auszüge)

Zur Frage meines Zugehörigkeitsgefühls zur Universität. Diese Verhandlung hier ist die längste persönliche Beziehung, die ich bisher zu maßgebenden Persönlichkeiten der Universität haben durfte. Die Mehrzahl der Dozenten grüßt mich nicht und zeigt mir Missachtung. Auch meine Frau leidet darunter.

Bei Einladungen werde ich gleichzeitig ausgeladen. Ich werde als

›außenstehend‹ betrachtet. Es waren wohl Fälle da, in denen ich gestützt wurde, doch war das nur gering, und mit jeder Stütze ließ man mich gleich wieder fallen. Ich habe jeden solchen Schutz dankbar empfunden. Aber es war nie konsequent, so dass in den nationalsozialistischen Studenten der Glaube entstehen konnte, die Universität stehe hinter ihnen. (…) Letzten Freitag war eine Versammlung, in der zwei Studenten öffentlich zu meiner Ermordung aufgerufen haben. Ich zweifle nicht daran, dass gegen diese Studenten ein Disziplinarverfahren eingeleitet werden wird. Aber dass die Versammlung von Studenten durchgeführt wurde, und in der Öffentlichkeit nichts von einem Disziplinarverfahren wegen der Morddrohung bekannt wird, Vorgänge dieser Art stellen meine Zugehörigkeit zur Universität in Frage, obgleich ich mich ihr zugehörig fühle. (…)

Ich will in wissenschaftlicher Richtung meine Schüler beeinflussen. Ich liebe die Universität um dieser Möglichkeit willen, um zu arbeiten, um die Wissenschaft zu fördern, weil ich in ihr für mich und die Wissenschaft gewisse Hoffnungen habe. (…) Heute, wo meine politische Richtung keine Chancen hat, wo die ganze Zeit gegen diese, gegen mich ist, habe ich mir äußerste Zurückhaltung auferlegt. Ich lehnte Vorträge und Arbeiten, die mir übertragen wurden, ab, warf schon Geschriebenes in den Papierkorb. (…)

Ich bitte sie, mir die Chance, wissenschaftlich zu arbeiten, zu erhalten.«

Aus: Christian Jansen, Der »Fall Gumbel« und die Heidelberger Universität 1924-32, Heidelberg 1981, S. 68, http://www.ub.uni-heidelberg.de/helios/fachinfo/www/math/txt/Gumbel/jansen.pdf (Abruf: 10.1.2016)

Dokument 3
Einspruch Gumbels gegen seine Entlassung, verfasst am 25.7.1932 (Auszüge), (Rekurs an das Staatsministerium)

Wenn einem nationalsozialistischen Studenten in einer Zeit, in der seine Parteifreunde beinahe täglich politische Morde begehen, in der mir Fensterscheiben eingeschlagen werden, in der mein Zaun eingerissen wird, in der ich auf der Straße täglich angepöbelt werde, nach dem Eindruck in einer vorwiegend nationalsozialistischen Versammlung geglaubt werden kann, dass sein Satz ›Wie das Verfahren auch ausgehen mag, Gumbels Kopf wird rollen‹ nur bildlich gemeint war, so darf auch den sehr viel weniger kühnen Aussagen aller nicht nationalsozialistischen Teilnehmer meine Versammlung Glauben geschenkt werden.

Das Ergebnis der Vernehmung wird (…) feststellen, dass das, was ich wirklich gesagt habe, nichts mit der Interpretation zu tun hat, welche die Nationalsozialisten meiner Äußerung gegeben haben und welche das Gutachten des Untersuchungsausschusses zugrunde legt.

Hier liegt der zentrale Unterschied zum Fall des Jahres 1924, in dem ich wirklich eine Äußerung getan habe, welche Anstoß erregt hat und die zu bedauern ich Grund hatte. Es besteht überhaupt kein Zusammenhang mit diesem nunmehr acht Jahre zurückliegenden ersten und einzigen Vorfall, über dessen Behandlung die Fakultät nach dem von ihr damals veröffentlichten Gutachten bekanntlich keineswegs einig war und der, soweit er mir zum Vorwurf gereicht, (…), nach den gesetzlichen Auffassungen als verjährt gelten darf. Aus dem Fall von 24 und der von den Nationalsozialisten entstellten Äußerung von 32 kann somit kein Gesamtverhalten konstruiert werden. Damit fallen alle Konsequenzen, welche hieraus gezogen werden. (…)

Den gleichen Schluss glaubt der Herr Minister aus dem Umstand ziehen zu können, dass ich Unterschriften zu einer an den Herrn Reichspräsidenten gerichteten Bitte um Begnadigung für Carl von Ossietzky gesammelt habe, in der dieser als Mann von untadeliger Gesinnung bezeichnet wurde. (…) Ich vermag es überhaupt nicht als Belastung zu empfinden, dass ich in einer politischen Versammlung Unterschriften zu einer Erklärung gesammelt habe, die von über 42.000 Deutschen, darunter vielen hervorragenden Politikern und in der Öffentlichkeit angesehen Personen, auch von Professor Radbruch, unterschrieben worden ist. (…)

Zum Schluss dieses Briefes gestatte ich mir eine politische Bemerkung. (…) Die Ursache dieses Verfahrens ist (…) der Gesamtinhalt meiner politischen Überzeugung. Wer bisher nicht dieser Meinung war, den muss die Tatsache, dass die Angriffe von den Nationalsozialisten gegen mich ausgegangen sind, und das Jubelgeschrei der nationalsozialistischen Presse über meine Entlassung überzeugen. Die Nationalsozialisten haben mich verfolgt und mussten mich verfolgen, weil ich ihre politischen Morde aufgedeckt habe. Zu diesen meinen Arbeiten stehe ich. (…)

Der jetzige Herr Unterrichtsminister hält meine Entfernung für eine politische Notwendigkeit: wohl, wenn ich seinen Schritt interpretieren darf, um den Nationalsozialisten weniger Angriffsflächen zu bieten und hierdurch die Republik zu schützen. Wenn ich diesen Gedankengang als richtig annehmen könnte, hätte ich längst die Konsequenzen gezogen und wäre freiwillig zurückgetreten. Denn ich bin mir bewußt, daß die Anhänger der Republik verpflichtet sind, ihr auch Opfer zu bringen. Aber dieses Argument ist falsch. Durch meine Entfernung wird die Republik nicht gestützt, wohl aber wird hierdurch die Stellung aller Republikaner an den deutschen Hochschulen gefährdet. (…) Die von den Nationalsozialisten provozierten Skandale an so vielen deutschen Hochschulen und ihre weitgehenden Drohungen (…) beweisen, daß durch meine Entfernung die Ruhe nicht gesichert ist.

Es handelt sich bei diesem Kampf nicht um Gumbel, sondern um die von den Nationalsozialisten als ›Gumbels‹ Qualifizierten. Ich werde nicht der einzige Nachfolger der langen Reihe politischer Märtyrer aus deutschen Universitäten sein, die zum Teil ins Exil gehen mußten, der Reihe, die von Fichte und den Freiheitskämpfern von 1813, den Gebrüdern Grimm, von den Göttinger Sieben, den Kämpfern von 1848 bis zu Dühring und Aron reicht. Es ist noch in der Macht des Ministers, dies zu verhindern, daß das schreckliche Wort Fichtes sich bewahrheite, ›daß in einigen Jahren in Deutschland kein Mensch mehr, der dafür bekannt ist, in seinem Leben einen freien Gedanken gedacht zu haben, eine Ruhestätte finden wird‹.

Aus: Emil Julius Gumbel, Rekurs an das Staatsministerium, in: Die Weltbühne vom 11.10.1932, S. 537-540.

Dokument 4
Emil J. Gumbels »Minimal-Programm der deutschen Volksfront« (1936)

1. Amnestierung aller gegen die Banden begangenen politischen Delikte.
2. Entlassung aller Parteibuchbeamten, -angestellten und -arbeiter der öffentlichen Macht.
3. Unfähigkeit zur Ausübung öffentlicher Funktionen für alle früheren Mitglieder der Bandenpartei und der ihr angeschlossenen Verbände.
4. Wiedereinstellung aller seit dem 20. Juli 1932 entlassenen Beamten, Angestellten und Arbeiter der öffentlichen Macht.
5. Annullierung aller seit dem (Datum der Einbürgerung Hitlers einfügen) vorgenommenen Ausbürgerungen und Einbürgerungen.
6. Internierung der Bandenführer in den Konzentrationslagern bis zur Aburteilung durch das Volksgericht auf Grund der von den Bandenführern selbst erlassenen Gesetze.
7. Aufhebung der Rassen- und Kastrationsgesetzgebung.
8. Vermögensenteignung der Staatsfeinde auf Grund der von den Banden erlassenen Gesetze.
9. Vermögensenteignung der früheren Fürsten.
10. Rückzahlung der Osthilfegelder, im Unvermögensfalle Verteilung der Güter durch den Fiskus.
11. Rückzahlung der seit dem 20. Juli 1932 gewährten Subventionen, im Unvermögensfalle Übernahme der Betriebe durch das Wirtschaftsministerium.
12. Aufteilung der Fidei-Kommisse.
13. Planwirtschaftliche Leitung aller dem Reich und den Ländern gehörigen Betriebe durch das Wirtschaftsministerium.
14. Gewerkschafts- und Vereinsfreiheit.
15. Wiederherstellung des Streikrechts, der Tarifverträge und des Schlichtungswesens.
16. Gesetzlicher Achtstundentag, 40-Stundenwoche.
17. Abschaffung der Dienstpflicht.

18. Auflösung der Reichswehr und aller bestehenden militärischen Verbände, Schaffung eines Volksheeres.
19. Wiedereintritt in den Völkerbund.
20. Freiheit aller religiösen Bekenntnisse durch Trennung von Kirche und Staat.

Aus: Emil Julius Gumbel, Auf der Suche nach Wahrheit. Ausgewählte Schriften. Versehen mit einem Essay von Annette Vogt, Berlin 1991, S. 203f.